# SEEKING TRUTH

## 我心中的
# 求是大先生

王靖岱 徐洁 主编

ZHEJIANG UNIVERSITY PRESS
浙江大学出版社
·杭州·

**图书在版编目（CIP）数据**

我心中的求是大先生 / 王靖岱，徐洁主编 . -- 杭州：浙
江大学出版社，2022.12（2023.10重印）

ISBN 978-7-308-22973-9

Ⅰ. ①我… Ⅱ. ①王… ②徐… Ⅲ. ①高等学校–师
德–文集 Ⅳ. ①G645.16–53

中国版本图书馆CIP数据核字（2022）第154755号

**我心中的求是大先生**

王靖岱 徐 洁 主编

| | | |
|---|---|---|
| 策划编辑 | 吴伟伟 | |
| 责任编辑 | 马一萍（pym@zju.edu.cn） | |
| 责任校对 | 陈逸行 | |
| 封面设计 | 米 兰 | |
| 出版发行 | 浙江大学出版社 | |
| | （杭州市天目山路148号　邮政编码310007） | |
| | （网址：http://www.zjupress.com） | |
| 排　　版 | 杭州兴邦电子印务有限公司 | |
| 印　　刷 | 杭州宏雅印刷有限公司 | |
| 开　　本 | 787mm×1092mm　1/16 | |
| 印　　张 | 14.5 | |
| 字　　数 | 242千 | |
| 版 印 次 | 2022年12月第1版　2023年10月第2次印刷 | |
| 书　　号 | ISBN 978-7-308-22973-9 | |
| 定　　价 | 78.00元 | |

# 序

## 灿若星辰求是人　行为世范大先生

育才造士，为国之本。浙江大学历来鸾翔凤集，人文荟萃，在125年的不懈奋斗中培养造就了一大批公忠坚毅的大先生。他们信仰坚定、淡泊名利，他们艰苦朴素、坚忍不拔，他们甘为人梯、奖掖后学，他们在中华民族的奋进征程中熔铸成巍峨高耸、顶天立地的民族脊梁。

翻开这本《我心中的求是大先生》，我们能够感受到辛勤耕耘、奉献家国的求是先贤们的魅力和风采，一篇篇用毕生心血诠释求是精神的生动故事引人入胜。合上书页，我的心中久久不能平静，众多鲜活的形象依然浮现于脑海：几近失明的姜亮夫先生一生潜心教学与研究，常年戴着啤酒瓶底般厚的眼镜，只能是以人就书凭着笔画轮廓认读文字，写就了27部专著和近百篇论文，在敦煌学、声韵学、楚辞学等研究领域堪称大师；一手夹讲义包一手牵羊的"牧羊教授"王淦昌先生为了祖国的核事业隐姓埋名十七载。"中国可以没有人叫'王淦昌'，但不能没有'两弹一星'；中国可以没有诺贝尔奖，但不能没有大国核盾。"先生朴实而坚定的话语掷地有声，时至今日仍然能够启鉴后人。

这样的故事还有很多。在不同时代、不同境遇和不同经历中，那些或众所周知或鲜为人知的求是大先生都在散发着自己的光和热，丰富着浙大鲜明磅礴的精神谱系，赓续着浙大弦歌不辍的求是根脉。求是大先生们奠定了浙江大学作为国内乃至国际知名学府的历史底蕴、综合实力和学术声誉，也为学校迈向更为远大的征程提供了不竭的精神动力与力量源泉，是学校最为宝贵的财富。

今日之浙大，正沿着习近平总书记指引的方向，奋力在建设中国特色世界一流大学中"走在前列"，坚定不移地将师生摆在办学的中心位置，坚守"尊德性、道问学"的优良传统，努力在培根铸魂、立德树人的生动实践中锻造更多"信念坚定、师德高尚、业务精良"的大先生。

　　本书收录诸多在校师生及各届校友亲绘的心中求是大先生形象，恰有登高而招、求是传承的重要意义，亦旨在进一步弘扬浙大人树我邦国的家国情怀、天下来同的人类关怀、海纳江河的胸怀格局、求是创新的精神特质、追求卓越的光荣传统，勉励更多大先生在中国式现代化的奋进征程上肩负更大的使命，续写"以天下为己任、以真理为依归"的发展新篇。

　　是为序。

2022年9月于求是园

# 目 录

人物名片

竺可桢(1890—1974)，字藕舫，浙江上虞人，中共党员。中国近代气象学家、地理学家、教育家。1918年获美国哈佛大学博士学位。曾任中央研究院气象研究所所长，浙江大学校长，中国科学院副院长、生物学地学部主任，自然资源综合考察委员会主任、研究员。20世纪二三十年代开创气象教育事业，创建中央研究院气象研究所。在台风、中国季风及大气环流、气候区划、物候、气候变迁等研究方面都做出了开拓性的贡献；在科学史研究和科学普及事业方面也有卓越成就。代表作有《东南季风与中国之雨量》《中国近五千年来气候变迁的初步研究》和《物候学》等。1955年被选聘为中国科学院学部委员(院士)。抗日战争时期，率领浙大师生员工辗转西迁办学，使浙大在困境中迅速崛起，蜚声中外。

# 为学、为事、为人的典范

# 竺可桢

　　每当漫步在紫金港校园的宜山路上，我都会在竺可桢老校长的雕像前驻足，凝眸仰望，竺校长傲岸而又温和的形象气质总是那么亲切。尽管竺可桢老校长已经离开我们多年，但他的精神风骨却一刻也未与我们分离，他的嘉言懿行及其所倡导的求是精神始终陪伴教育着我们，连同他的"两个问题"一同被我们镌刻于石、铭记在心。2021年4月，习近平总书记在清华大学考察时指出："教师要成为大先生，做学生为学、为事、为人的示范，促进学生成长为全面发展的人。"[①]而在我的心中，竺可桢老校长正是学生为学、为事、为人的典范，是浙江大学永远的求是大先生。

---

[①] 习近平.坚持中国特色世界一流大学建设目标方向为服务国家富强民族复兴人民幸福贡献力量[N].人民日报，2021-04-20(1).

# 一

若能于浙大有所补益，余亦愿竭全力以赴之也。[①]

——竺可桢

1936年初，经陈布雷力荐，蒋介石邀请竺可桢担任浙江大学校长。时任中央研究院气象研究所所长的竺可桢本不愿就任，"余谓在此时局，难保于三四月内不发生战事。京杭兼顾，势所不能。故余不愿就"[②]。但当时浙大正处学潮迭起的艰难困境，见危不救从来不是他的作风，竺可桢心生恻隐："此时余若不为浙大，谋明哲保身主义，则浙大又必陷于党部之手。而党之被人操纵，已无疑义。"[③]

正是为浙江大学发展的大局着想，加上陈训慈、郑晓沧及夫人张侠魂等人的力劝，1936年4月，竺可桢正式出任浙江大学校长。在就职演讲中他表示："本人愿以最大的诚意与专注的精神，来力谋浙江大学的进展，而要达到相当的成功，必然期待诸位同学的合作和努力。"[④]

在竺校长的身体力行下，全校师生同心同德、相互砥砺，浙江大学在抗战烽火中迅速崛起，蜚声中外。

竺校长受任于困厄之际，奉命于危难之间。在任职之前，他曾向国民政府提出三点要求：财政须源源接济；用人校长有全权；任职时间以半年为限。但在硝烟弥漫中，纵然经费拮据，他依然带领浙大辗转迁移，坚持办学，至1949年杭城解放前夕，首尾13年，远超开始的半年之约。

---

① 竺可桢.竺可桢日记[M]//竺可桢全集(第6卷).上海：上海科技教育出版社，2005.

② 竺可桢.竺可桢日记[M]//竺可桢全集(第6卷).上海：上海科技教育出版社，2005.

③ 竺可桢.竺可桢日记[M]//竺可桢全集(第6卷).上海：上海科技教育出版社，2005.

④ 竺可桢.大学教育之主要方针[M]//竺可桢全集(第2卷).上海：上海科技教育出版社，2004.

# 二

教授是大学的灵魂,一个大学学风的优劣,全视教授人选为转移。假使大学里有许多教授,以研究学问为毕生事业,以作育后进为无上职责,自然会养成良好的学风,不断培植出来博学敦行的学者。[①]

——竺可桢

竺校长到校后,即大力延揽优秀师资:"决将竭诚尽力,豁然大公,以礼增聘国内专门的学者,以充实本校的教授。"[②]他四处寻觅名师,礼贤下士且任人唯贤,不带成见,包容兼蓄。初到浙大时几次登门聘请马一浮先生便是其中显例。马老当时虽未能到校,却为其最终加盟结下善缘。在抗战播迁中,马老颠沛流离之际致信浙大望予以接纳,竺校长欣然允诺。后马一浮先生随浙大在江西泰和、广西宜山讲学,并为浙大创作了凝聚和升华求是精神的校歌歌词,影响深远。

1944年10月,在贵州湄潭浙江大学举办的中国科学社成立30周年学术活动中,竺可桢校长作《二十八宿起源之时代与地点》学术报告

---

① 竺可桢.大学教育之主要方针[M]//竺可桢全集(第2卷).上海:上海科技教育出版社,2004.
② 竺可桢.大学教育之主要方针[M]//竺可桢全集(第2卷).上海:上海科技教育出版社,2004.

竺校长不仅延揽名师，更竭尽全力为教师们安心教学科研提供充分的保障。苏步青教授回忆："浙大搬迁时，竺校长当然是最忙的人，他要管搬运，管教学，还要奔走各方去要经费。可是有一天，他对我说，'你的夫人是日本人，此行一路上都要检查盘问，多么不便。我已经替你在浙江省省长朱家骅那里要来一张他亲笔写的手令，规定沿途军警不得检查盘问。'可见他是多么细心。"①竺校长春风化雨般的关爱，浸润着学校的广大教师，还有太多像苏步青教授这样的故事。竺校长胸襟开阔、待人真诚、以身作则，受他的感召，各方著名学者陆续聚集到浙大，且能安于其位，待遇差一点也并不计较。虽然时局动荡，学者们生活清苦，但校内学术研究风气淳朴浓厚，教师们都以校为家，兢兢业业，真正做到了竺校长所倡导的"以作育后进为无上职责""以研究学问为毕生事业"。

吴耕民教授回忆说："竺先生虽做了大学校长，地位很高，但为人和气，极平民化，故全校教师都叫他竺先生，不叫竺校长。"②由此可见，竺校长也是当时教师们心中的大先生。


# 三


不求地位之高，不谋报酬之厚，不惮地方的遥远和困苦，凡是吾人分内所应该做的事就得去做。③

——竺可桢


竺校长非常重视学生家国情怀的涵养，他勉励大学生要立志做"公忠坚毅、能担当大任"的报国人才。竺校长素仰明代大儒王阳明先生，阳明先生虽为浙江人，而一生事业在江西、广西两省为最大。因缘际会，浙大西迁由江西泰和而入广西宜山，

① 浙江省政协文史资料委员会.一代宗师竺可桢[M]//浙江文史资料选辑·第四十辑.杭州:浙江人民出版社,1990.
② 浙江省政协文史资料委员会.一代宗师竺可桢[M]//浙江文史资料选辑·第四十辑.杭州:浙江人民出版社,1990.
③ 竺可桢.大学毕业生应有的认识与努力[M]//竺可桢全集(第2卷).上海:上海科技教育出版社,2004.

正是蹑着阳明先生的遗踪而来。竺校长在浙大广西宜山的开学典礼上作《王阳明先生与大学生的典范》开学训辞："处现在外侮深入、国步艰危的时候，阳明先生的伟大处，更应为学者所取法者，尤在他那公忠报国的精神。"[①]正是对浙大学生寄予"做社会的中流砥柱"之厚望，所以竺校长平时对学生们的人品和学业要求都很高，所谓爱之深，责之切。

浙大从泰和迁往宜山的路上，学校指派19名学生护送图书、仪器等行李，途中战乱，学校电嘱绕远改走安全水道，但学生们急于早日将行李运至学校，仍按原定计划进行。后果真遇到险情，2名学生随即跳入江中，游往他处；其余同学为避空袭，也偃船迫岸，弃行李而走。幸好校中有职员及时赶到，才保住了物资。为防微杜渐，竺校长针对这件事在学生集会上语重心长地讲："此次十九个同学管理五百件行李，事先已知三水危急而贸然前往，是为不智；临危急又各鸟兽散，是为不勇；眼见同学落水而不视其至安全地点，各自分跑，无恻隐之心，是为不仁。此十九人乃你们所公推，是全体学生之样本，十九个学生之不负责，乃是全体学生之大辱，亦是全校教职之奇耻。以后你们得常自省问，若是再逢这种机会，是否能见危授命，能不逃避而身当其冲？"[②]相信聆听了这次生动的训话，全体师生包括现在的我们，对于责任、使命、担当都会有新的领悟。

竺可桢（前排右九）与浙江大学1942届毕业生合影（1942年7月摄于遵义）

① 竺可桢.王阳明先生与大学生的典范[M]//竺可桢全集（第2卷）.上海：上海科技教育出版社，2004.
② 竺可桢.竺可桢日记[M]//竺可桢全集（第6卷）.上海：上海科技教育出版社，2005.

"现在救国的责任，已在诸君身上，希望大家能担当起来。"①竺校长的谆谆教诲，今天听来仍然振聋发聩，也为我们当下浙大师生胸怀"国之大者"，致力于中华民族的伟大复兴，注入了不竭精神动力。

## 四

余惟以是非为前提，利害在所不顾。②

——竺可桢

岁寒，然后知松柏之后凋也。浙大西迁广西宜山时，疟疾疫情肆虐，日机狂轰滥炸，浙大面临西迁途中最为困难的时期。在泰和刚刚丧妻失子的竺校长，强忍悲痛，以顽强的意志和非凡的智慧，用"求是精神"为风雨飘摇中的浙大挺立起屹立不倒的精神风骨。1938年11月19日，竺校长在宜山主持召开校务会议，根据他的提议，经校务会议议决，学校正式确定以"求是"为校训。竺校长先后在多次演讲与论述中阐释"求是精神"的内涵，"求是精神"是科学精神、牺牲精神、奋斗精神、革命精神。竺校长不仅是"求是"校训的倡导者和制定者，更是终生践行"求是精神"的楷模。"只

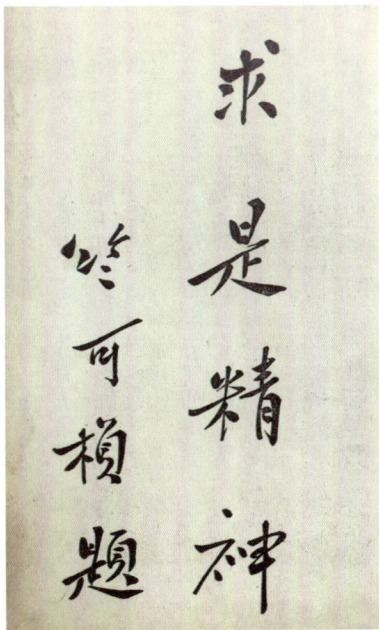

竺可桢题写的"求是精神"

问是非，不计利害"，竺校长平日的为人处世即是对"求是精神"最为生动的注解。

1942年1月16日，浙大学生在遵义举行"倒孔运动"示威游行，为避免军警与学生发生冲突，竺校长劝阻学生无效后，竟以国立大学校长的身份走在游行队伍的最

---

① 竺可桢.大学毕业生应有的认识与努力[M]//竺可桢全集(第2卷).上海:上海科技教育出版社,2004.
② 竺可桢.竺可桢日记[M]//竺可桢全集(第6卷).上海:上海科技教育出版社,2005.

前头。1947年10月，浙大学生于子三被国民党特务秘密逮捕后杀害，国民党当局对外宣称于子三系自杀，竺校长大义凛然地向《申报》等记者阐明于子三事件的事实真相，并称于子三"作为一个学生，是一个好学生，此事将成为千古奇冤"。他的言论一出，国民党当局陷于一片被动。铁骨铮铮，民族脊梁，竺校长以身作则践行了他心中科学家应取的态度："不盲从，不附和，一以理智为依归。如遇横逆之境遇，则不屈不挠，不畏强御，只问是非，不计利害。"[①]在竺校长的身体力行下，"求是精神"在浙大形成一股勇往直前、攻无不克的强劲精神力量，这是竺校长留给我们的永恒精神财富！

# 五

仁以为己任，不亦重乎？死而后已，不亦远乎？

——《论语·泰伯》

竺校长不仅关爱师生，他对世间万物都有一颗悲悯仁爱之心，所行之处遇到需要帮助的人或事，他总是竭尽所能。浙大西迁时，竺校长就提出了"大学教育与内地开发相结合"的办学思想，沿途造福乡里。在江西泰和，为解除当地水患，在竺校长的倡导下，浙大师生协助当地修筑了防洪堤；在贵州遵义，当地烟民很多，竺校长甚为痛心，由浙大提供一笔捐助经费，帮助当地人免费戒烟……这些善举至今为当地人津津乐道。这是一种博爱情怀，更是一种"以天下为己任"的担当。全校师生感动于他暖人灵魂的大情怀、大格局，所以当竺校长安排师生协助这些大义之事时，师生总是欣然应允，全力以赴。1937年战乱搬迁之际，竺校长慨然派浙大教职员协助浙江省图书馆搬运文澜阁四库全书到贵阳地母洞，并始终关注与协助其事，直至抗战胜利后文澜阁四库全书顺利返杭。

竺校长一生为国服务，鞠躬尽瘁，死而后已。据竺校长夫人陈汲回忆，抗美援朝期间，竺校长曾多次将自己留在美国友人处买书的外汇捐赠给国家，把南京一

---

① 竺可桢.科学之方法与精神[M]//竺可桢全集(第2卷).上海:上海科技教育出版社,2004.

1949年9月,竺可桢(前排右一)与第一届中国人民政治协商会议教育组代表合影

所用自己借款建成的房子也捐赠了,1955年又将故乡的几间楼房捐赠给国家。1974年病逝遗言,将由1966年起自动减薪1/3后的10000多元交了做党费。他用行动表明对党的一片忠诚,为科学事业发展贡献自己的一切。[①]竺校长的高风亮节令人感佩不已,高山仰止,景行行止。

# 六

危而不持,颠而不扶,则将焉用彼相矣?用之则行,舍之则藏,惟我与尔有是夫![②]

——前人集《论语》句咏手杖联

1949年3月7日,是竺校长59周岁寿辰,按照我国习俗计为六十大寿。浙大学生自治会用红色软缎为竺校长制作了一份寿幛,上贴金色"万世师表"四个大字。3月6日晚,全校师生自发为竺校长举行祝寿晚会,现场挤得水泄不通。1936—1949

---

① 浙江省政协文史资料委员会.一代宗师竺可桢[M]//浙江文史资料选辑·第四十辑.杭州:浙江人民出版社,1990.
② 竺可桢.以前人集句咏手杖联赠别[M]//竺可桢全集(第2卷).上海:上海科技教育出版社,2004.

矗立在浙江大学紫金港校区月牙楼前的
竺可桢校长雕像

年,竺校长主持浙大13年,正值最为艰苦的战乱时期,他丧妻失子,但仍勤力办学,使浙大弦歌不辍,人才辈出。全校师生员工没有一个不是发自内心地感谢,参加祝寿会的师生人数超过了任何一次晚会的纪录。但当天晚会的主角竺校长却坚决推辞不往,故意早早离开家中躲了起来。

这也让我们联想到,在浙大1940届毕业生临别联欢会上,学生赠送竺校长一本贴有毕业班130余人照片的相簿和一支手杖作为纪念。竺校长即席以前人集《论语》句咏手杖联作临别赠言:"危而不持,颠而不扶,则将焉用彼相矣?用之则行,舍之则藏,惟我与尔有是夫!"遇到危难不能相扶持,那要你手杖辅佐何用?需要的时候就挺身而出,不需要的时候就退藏,唯我与你手杖志同道合!竺校长担任浙大校长13年,多少次"挽狂澜于既倒,扶大厦之将倾",功成名就却弗居,这正是其高贵品格的真实写照。仰之弥高,钻之弥坚!

1948年浙大学生创作《求是之光》歌曲向竺校长致以崇高敬意:"十年流亡,风霜久摧鬓发苍;惨淡经营,剑桥媲美,听万人欢呼竺校长!自由裸姆,鞠躬尽瘁为人道;科学民主,矢志所求,歌真理战士竺校长!"[1]老师对学生的影响,离不开老师的学识和能力,更离不开老师为人处世、于国于民、于公于私所持的价值观,竺校长为我们树立了为学、为事、为人的丰碑。

云山苍苍,江水泱泱,先生之风,山高水长!

作者简介

刘新,现为浙江大学档案馆编研展览办公室副主任。

---

[1] 浙江大学校史编写组.浙江大学简史(第一、二卷) [M]//杭州:浙江大学出版社,1996.

人物名片

陈建功(1893—1971),字业成,浙江绍兴人,数学家、数学教育家。1918年毕业于日本东京高等工业学校,翌年毕业于东京物理学校。1923年毕业于日本东北帝国大学,1929年获该校理学博士学位。曾任浙江大学教授,复旦大学教授,原杭州大学教授、副校长。主要从事实变函数论、复变函数论和微分方程等方面的研究工作,是中国函数论方面的学科带头人和许多分支研究领域的开拓者。20世纪20年代独立解决了函数可以用绝对收敛的三角级数来表示等根本性数学问题,得到了关于无条件收敛的判别理论。1955年被选聘为中国科学院学部委员(院士)。

# 为学常怀报国志，
# 教书育人大先生

# 陈建功

2021年，我与数学科学学院党建骨干一同前往绍兴陈建功先生故居参观和学习。远离车水马龙的主干道，走过蜿蜒曲折的小巷，穿过沧桑斑驳的砖木房院，在一片纯粹的静谧中，我仿佛穿过了陈建功先生潜心治学、培育英才，为祖国数学事业鞠躬尽瘁的一生。

大学教师对学生承担着传授知识、培养能力、塑造正确人生观的职责。教师要成为大先生，做学生为学、为事、为人的示范，促进学生成长为全面发展的人。陈建功先生就是这样一位高水平的数学大师，同时也是一位真正意义上的大先生，无论是做学问还是做人，都为后人树立了楷模，留下了宝贵的精神财富。

## 我来求学，是为了我的国家，并非为我自己

陈建功先生1893年出生于浙江省绍兴的一个小职员家庭，幼年时家境贫寒。陈

建功作为长子，读书勤奋刻苦。1910年，他考进了浙江官立两级师范学堂。时值辛亥革命前后，社会上"科学救国""实业救国"的呼声很高。他觉得无论科学和实业都需要以数学为基础，而中国古代的数学本有很高的成就，只是到了近代才衰落，这使他逐渐产生了要振兴中国的科学和实业首先要振兴中国的数学的想法。这一想法，随着他对数学兴趣的日益浓厚而越发坚定。[①]师范毕业后，父亲原想让他留在家乡做小学教员帮补家用，而陈建功则劝父亲说，做一个小学教员虽可暂时缓解家中的困难，但时下国家贫弱，急需科学来救国强国，有国才有家。在家人的支持下，他三次东渡求学，师从藤原松三郎先生，专攻当时在国际上处于全盛时期的三角级数论。他白天学习化工，晚上钻研数学；在教授染织工业课程之余，还坚持组织数学学习小组。为提高效率，他放弃了一切娱乐活动。1928年，他证明了三角级数绝对收敛的充要条件是它为杨氏（Young）连续函数之傅里叶级数，成为日本第一个获得理学博士学位的外国学者。面对导师的盛情挽留和教研机构的优渥薪资，陈建功先生毅然选择回国，并留下了那句名言："我来求学，是为了我的国家，也为了家里的亲人，并非为我自己。"他怀揣着学成报效祖国的理想，从未想过个人得失，只是迫不及待地希望用自己的所学所得改变祖国积贫积弱的状况，重现中华民族泱泱大国的灿烂辉煌。

陈建功先生始终热爱祖国、坚持真理、不谋名利、提携后辈。他临终前，最关心的还是我国数学的发展情况，他说："我热爱科学，科学能战胜贫困，真理能战胜邪恶，中华民族一定能昌盛！"[②]解放初期，他动员大儿子改读军事干校；抗美援朝时，他又把儿子送上了朝鲜战场保家卫国。面对曾在国际顶级期刊发表学术论文的妻子，他坚持讲师身份同样能够做好数学公共课程教学，同样能为国家人才培养做贡献，始终未同意她的教授提任。他以自己的一生践行着一名爱国主义科学家朴素而伟大的情怀。

---

① 谢广田.一代学者数学家陈建功[N].新民晚报（大学版），2013-06-06.
② 韩扬眉.陈建功：中国现代数学的拓荒人[N].中国科学报，2019-10-18（4）.

## 创办一流的数学系，使中国数学立于世界一流之林

　　陈建功先生与苏步青先生惺惺相惜，约定在学成后即回到自己的故乡，为中国培养一流的数学人才。在苏步青先生来浙江大学后的第二年，陈先生便将系主任一职让给了他。苏步青先生曾回忆说："我们俩下决心，要在20年内把浙江大学数学系办成第一流数学系。"

　　正是怀有这样的信念，陈建功先生在科学研究的道路上不断勇攀高峰，他与苏步青先生共同创立的"浙大学派"在20世纪30—40年代享誉世界。1937年抗日战争全面爆发后，浙江大学开始西迁。陈建功先生把家眷送往绍兴老家，自己只身随校西行。沿途日机轰炸，生活极端困苦，但他的数学研究与教学仍然弦歌不辍，他表示"决不留在沦陷区""一定要把数学系办下去，不使其中断"。[①]每人一盏油灯、三根灯

陈建功先生在国际著名学术会议上作报告

---

① 谢广田.一代学者数学家陈建功[N].新民晚报(大学版)，2013-06-06.

芯，便可研读到深夜。难以想象的艰难生活，阻挡不住陈、苏两位先生勇攀科学高峰的步伐。他们以惊人的毅力，带领全系师生风雨同舟、奋发图强，面向世界数学前沿潜心钻研、勤勉治学。无论遇到怎样的困难，他们"改变我国科学落后面貌，建成具有世界先进水平的中国数学学派"的崇高理想始终没有动摇过。1940—1945年，陈建功先生发表了9篇着眼世界数学前沿的高质量论文，对傅里叶级数研究做出了重要的贡献。在其言传身教下，数学研究所的师生们也在高级别的中外学术刊物上刊发论文百余篇。英国皇家科学院院士李约瑟博士这样写道："在遵义之东75公里的湄潭，是浙江大学科学活动的中心。在湄潭可以看到科研活动一片繁忙紧张的情景。在那里，不仅有世界第一流的气象学家和地理学家竺可桢，有世界第一流的数学家陈建功、苏步青，还有世界第一流的原子能物理学家卢鹤绂、王淦昌。他们是中国科学事业的希望。"[1] 1959年，陈建功先生回到杭州，年近古稀的他，毅然决定继续坚守在科研的第一线。在指导三个年级10余位研究生之余，仍有大量译著专著不断问世。1961年，他的研究成果被收录进苏联《复变函数论近代问题的研究》一书，引起了国际同行的热烈反响。1964年，陈先生结合自己数十年研究成果与国际上的前沿成果写成的巨著《三角级数论（上册）》正式出版，成为后辈学者的重要科研参考资料。

## 上讲台精神百倍，下讲台满身"白粉"

在陈建功看来，"培养人比写论文意义更大更重要"。这一理念贯穿他整个教学和科研生涯。1931年，陈建功先生与苏步青先生决定在高年级学生和青年助教中开设"数学研究"讨论班，分为甲、乙两类，前者精读一本最新数学专著，后者读懂一篇国际数学杂志最新发表的前沿论文。然后，师生轮流登台讲解，陈、苏两位教授和其他师生可随时提问。[2] 没有提前做好充分准备的话，还有"挂黑板"的可能，这让大家丝毫不敢懈怠，更加专心地投入学术研究中。通过这种不断鞭策的方式，陈、苏两位

---

① 浙江大学.英国剑桥李约瑟研究所向浙大捐赠史料[N].浙江日报，2017-10-20.
② 韩扬眉.陈建功：中国现代数学的拓荒人[N].中国科学报，2019-10-18(4).

教授把青年教师、研究生、高年级学生迅速推进到世界数学发展的前沿,这不仅是现今浙大数学专业的讨论班制度之滥觞,更培养出了程民德、谷超豪、夏道行、王元、胡和生、石钟慈、沈昌祥院士等一批杰出的数学人才。

陈建功先生不拘一格培养人才,尤其鼓励创新,他力主在实力较强的方向招收更多的研究生,通过讨论班等特色培养制度的历练,形成独立科研攻关能力后,鼓励学生结合国家发展需要,立足世界前沿开辟新的研究领域。他提出了"老母鸡孵小鸭"的理念,他说:"现在国家需要扁嘴巴的,我却是个尖嘴巴的,但尖嘴巴也可以孵扁嘴巴的嘛!"[①]在该理念指导下,他的学生卢庆骏从数学专业毕业后,成为著名的导弹质量控制和精度分析专家,曾任国家航天部总工程师,以国家战略需求为第一导向,成功地将基础数学理论应用于国家发展建设中。陈先生培养出的优秀学生全面开花,不断开创新的方向,并在不同领域做出卓越的贡献。

陈建功先生与学生在一起

---

① 范明,曹沅.纪念陈建功先生逝世50周年[J].数学文化,2021(2):3-20.

课堂上的陈建功先生更像是一名战士。他曾说，上课像打仗一样，要充分准备，每讲一个新内容，应讲清问题之来龙去脉。苏步青先生曾这样描述他，"上讲台精神百倍，下讲台满身白粉"。因为陈先生上课从不带课本讲义，唯一需要的，就是让学生多准备几支粉笔。学生回忆说："陈先生上课不带讲义，但不是没有。我亲眼看到，他每年都要新编，老的删掉，补充新内容。"在自编教材上，陈建功先生可谓倾尽心血。他编写的《级数概论》《复变函数》等教材讲义数十年后仍然是浙大数学系教师的进修参考书。面对当时国内数学教学多采用外文原版教材、以英文授课的状况，通晓六门外语的陈建功先生坚持编写中文教材，坚持使用中文讲解，并且为许多现代数学名词术语进行中文定名，以此培养和树立学生的民族文化意识和爱国主义情感。陈先生的课堂除了讲授公式定理，更是充满了前人研究问题的曲折历程和数学故事。[①]在生动鲜活的讲述中，以数学家们的经历激发学生刻苦钻研的学术热情和勇攀高峰的科研斗志，可以说是最原始的课程思政优秀案例。

作者简介

李萌，浙江大学外国语言学及应用语言学专业2016届硕士研究生，现为浙江大学数学科学学院专职组织员。

---

① 韩扬眉.陈建功：中国现代数学的拓荒人[N].中国科学报，2019-10-18(4).

人物名片

苏步青(1902—2003)，浙江温州平阳人，中共党员。中国科学院院士，中国著名的数学家、教育家，中国微分几何学派创始人。1927年毕业于日本东北帝国大学数学系，1931年获该校理学博士学位。1948年当选为中央研究院院士。曾任浙江大学教授，复旦大学教授、校长、名誉校长，全国政协副主席。

中国数学会的发起人之一，主要从事微分几何学、计算几何学研究，创立了国内外公认的微分几何学派。1978年获全国科学大会奖，1985年、1986年获第三机械工业部和国家科技进步奖，1998年获何梁何利基金科学与技术成就奖。1955年被选聘为中国科学院学部委员(院士)。

# 此身到老属于党

# 苏步青

　　每当我走进学校行政楼三楼，迎面看到的便是一幅苍劲有力的大字——"百年学府　世纪辉煌"，它的题写者正是伟大的数学家、教育家苏步青先生。寥寥数字，不仅饱含着他对浙江大学的热爱和期许，也生动地描绘了学校和他个人为国家科学事业不懈奋斗的光辉历程。

　　他少时远渡重洋求学，刻苦钻研成为我国微分几何学界的执牛耳者；盛年随浙大"文军"西征，为祖国培养了一代又一代数学人才。他与陈建功先生共同创立了蜚声海内外的"陈苏学派"。他从事微分几何、计算几何的研究和教学70余载，学风严谨，硕果累累。

## 矢志报祖国

　　苏步青自小喜欢读书，尤其重视文史学习。中学期间，老师教导他"要救亡图存,必须振兴科学;要振兴科学,必须学好数学",因此他的兴趣逐渐从文史转向数学,几年时间里做了几万道数学题。

1931年在日本获得理学博士学位后,有大学准备聘请他做副教授,待遇十分优渥,但他坚持认为:"我是祖国送出来学习的,学成后,应该回去报效祖国。"[①]求学期间,他始终以在日本取得崇高荣誉的第一个中国数学博士陈建功为榜样,与其约定学成后便回到祖国,创办世界一流的数学系,为中国培养一流的数学人才。1931年4月,苏步青回国,先后任浙江大学数学系副教授、教授、系主任,浙江大学训导长。

随着日军轰炸杭州,战火阴霾迫近,1937年8月,浙江大学开始西迁。身为浙大数学系主任的苏步青先生毅然选择跟大家一道挑着书箱、行李,跋山涉水躲避敌机轰炸,在庙宇或山洞内上课。一天,空袭警报响起,他和4名学生躲进一个山洞,他说:"这里就是我们的数学研究室,山洞虽小,但数学的天地是广阔的,大家要按照确定的研究方向读书、报告、讨论。"[②]他是这么说的,也是这么做的。西迁办学时期,空袭警报频频拉响,每次苏步青先生总会带上一大包笔记和书,带领学生们躲进岩洞思考问题、研究功课,一待就是一整天,石板就是桌椅和教具。在陈、苏两位先生的带领下,浙大数学系的授课多用自编讲义,尤其强调板书的设计,在各位教师精心备课、反复演练之下,可以说是只要有块黑板就能开课,故而诞生了西迁途中"将黑板挂在胸前"坚持授课的佳话。在这段漂泊动荡的日子里,苏步青先生发表学术论文30余篇,并在授课讲义的基础上写就《微分几何》专著。正如他的女儿所说,父亲白天上课,晚上在桐油灯下备课和写论文到深夜,早上早起种地,还要抽空读诗写诗,他总是那么乐观、那么自信、那么坚定不移。在这样困苦的环境中,他带领数学系师生以坚韧的革命意志、严谨的学术态度和乐观的学术精神,攻克了物质和精神上的多重难关,创造出了大量举世闻名的优秀成果,为祖国培育了科学事业飞跃发展的有生力量。

---

① 张胜,詹媛,王斯敏.舍我其谁报国志,碧血丹心爱国情[N].光明日报,2020-09-02(7).
② 张胜,詹媛,王斯敏.舍我其谁报国志,碧血丹心爱国情[N].光明日报,2020-09-02(7).

苏步青先生当年发表的论文

## 为党育人才

从1931年起,陈建功先生、苏步青先生开始在浙大高年级学生和助教中举办"数学研究"讨论班,他们或者报告自己的研究成果,或者讨论当时国际上最为前沿的学术论文,那时称为"数学研究"课,以此为基础形成了著名的数学讨论班制度。"数学研究"课程培养了师生科学研究和独立工作的能力,把青年教师和高年级学生迅速推进到世界数学发展的前沿,对师生们的科研工作不断提出更高的要求,同时挖掘和培养出了相关研究领域的新一代领军人物。此后,浙江大学微分几何学派声名鹊起,被称为"陈苏学派""浙大学派",在全球都享有极高的声誉,极大地提升了当时中国数学学科的研究实力和全球影响力。

苏步青先生将自己的毕生精力无私地奉献给了党和人民的教育事业,为祖国培养出了以谷超豪先生等为代表的大批红色科学家和知名数学家。他的女儿曾说:"爸爸教书特认真,爱学生胜过爱自己。"西迁路上,他们全家吃盐巴蘸番薯,却省出50元生活费接济困难学生;时局动荡,他不顾个人安危,积极营救被捕的爱国进步学生；20世纪80年代，耄耋之年的他高挽裤管、脚踩凉鞋穿过积水至膝的校园准时参加数学讨论班。

对"名师出高徒"这个说法，他有两个全新的阐释。一个是"严师出高徒"，他律己极严，也用同样的标准要求学生，始终坚信在科学研究的道路上没有"临时抱佛脚"，学术研究必须脚踏实地、全心投入、刻苦钻研方能见成效。他的严谨治学态度也体现出了其对学生深切的关爱，为青年数学家的成长发展指明了正确的道路，培养出了大量知名学者和顶尖人才。另一个则是"高徒捧名师"。面对优秀门生百花齐放的状况，虚怀若谷的他始终觉得自己并没有什么了不起的地方，倒是学生们出名了，把他捧出了名。他的得意门生谷超豪先生也曾说到，要培养出超过自己的学生才能向老师"交账"。《光明日报》曾将这种能培养超过自己的学生的教育现象称为"苏步青效应"。

## 铸就新辉煌

走进新时代，苏步青先生一直没有停下奋发进取的脚步。1956年，毛主席对他说："我们欢迎数学，社会主义需要数学。"这进一步坚定了他以数理报国的理想信念，始终将自己的个人发展与党和国家的命运紧紧联系在一起。

他于1959年3月光荣地加入了中国共产党，并以"此身到老属于党"的诗句表达了愿将后半生交给党安排的决心。他善于团结和带领知识分子投身党和国家的社会主义现代化建设。作为曾经的全国人大代表、全国政协副主席、民盟中央副主席，他致力于巩固和发展爱国统一战线，带领党内外高层次人才参政议政。他牵头成立全国计算几何协作组，为国家计算机辅助设计和制造方面的高科技项目提供了理论和方法支持，并培养了一批应用型人才。古稀之年的他带领青年教师、学生及江南造船厂的工人师傅爬上船头、走进车间，不舍昼夜地钻研文献，终于在船体数学放样研究中取得了创新突破，成功地用数学理论知识解决了船体放样中劳动强度大、精度差的问题，为国家解决了国外造船界都没能解决的难题，有效推进了新中国工业建设事业的发展，最终获得了全国科学家大会重大科技成果奖。

传承先辈精神,赓续红色基因。在陈、苏两位先生伟大科学家精神的感召下,新时代的浙大数学"文军",正秉持着"陈苏学派"学成报效祖国、勇攀科学高峰、育人薪火相传的精神,坚定地走在中华民族伟大复兴的新长征路上,向着中国梦、数学梦的实现奋勇前进。

作者简介

李萌,浙江大学外国语言学及应用语言学专业2016届硕士研究生,现为浙江大学数学科学学院专职组织员。

## 人物名片

姜亮夫(1902—1995),名寅清,字亮夫,以字行,云南昭通人。著名的楚辞学、敦煌学、语言音韵学、历史文献学家,教育家。1921年考入成都高等师范学校(四川大学前身)。1926年考取北京师范大学研究班和清华大学研究部。曾任暨南大学、复旦大学教授。

1953年起,先后担任浙江师范学院(杭州大学前身)教授、中文系系主任,杭州大学中文系教授、中文系主任、古籍研究所所长、博士生导师。其著作《楚辞通故》一书被海内外专家誉为"当今研究楚辞最详尽、最有影响的巨著"。

# 沉潜文献

# 姜亮夫

## 大先生"继绝学"

1935年，姜先生筹款自费去法国留学。他原计划在巴黎大学学习考古学，攻读博士学位，但没过多久就放弃了这个计划，转而投身于更重要、更值得付出的事业——抢救祖国文化遗产。这一转变之所以会发生，是因为姜先生注意到当地博物馆、图书馆藏有我国早年流失海外的数千件敦煌文物，他深感痛心。于是对一切能够接触到的我国珍贵文物，如经卷、字画、器物等，他都进行摄片、抄录，"共得文物艺术制片一千四百余张，其中敦煌制片四百余张"①，并于1937年带回祖国。

在此期间，姜先生安于清贫，潜心研究，每日的抄录"工作"从博物馆早上开门，一直持续到晚上关门。博物馆馆藏敦煌经卷中，有一部分已经满是灰尘、字迹不清，

① 姜亮夫.我是怎样整理敦煌卷子的[J].文史知识,1983(6):3-4.

但对于这些经卷,姜先生也非常珍视、不愿放弃。他后来这样回忆:"当年我在法国、英国抄写时,见有灰尘满面的卷面,就用刀片轻轻地刮去灰尘,刮不了的,改用唾液去一点一点地粘,轻粘一下,看出一个字,抄写一个字,一天只能写二三行,到全部抄写完毕,我的近视眼增加了六百度。"①

先生将私己的志趣融入宏大的理想——中华民族的伟大复兴与中华文明的赓续绵延。他日日埋首博物馆,潜心笔录,沉稳踏实,从不懈怠。文化遗产不只是民族的过去,继承绝学的意义也不限于学术本身。一直支撑着姜先生的,是永久坚强的毅力,是自强不息的精神,是艰苦卓绝的气概,是澎湃的家国情怀,更是将学术研究融入民族未来的追求与担当。

事实上,这样的家国情怀与责任担当,不仅仅存在于这一时期、这一事件,而是牢牢扎根在姜先生的人生中,一以贯之,从未改变。赴法之前,姜先生撰写的一些文章就受此触发。回国后,姜先生携带的文物艺术制片有相当一部分不幸散失在战火中,他认识到"在这个惶恐哀伤的时日,上战场杀敌不可能,只能把杀敌精神用在对敦煌经卷研究的拼搏上去,是我在抗战中的责任"②,依次一步步整理剩下的敦煌制片。家国情怀,是明亮的生命底色,陪伴着姜先生一路前行、风雨无阻,也成了姜先生永恒的精神财富,经久不衰,历久弥坚,激励着一代又一代的学人。

姜亮夫先生在欧洲游学留影

① 姜亮夫.我是怎样整理敦煌卷子的[J].文史知识,1983(6):4.
② 姜亮夫.我是怎样整理敦煌卷子的[J].文史知识,1983(6):4.

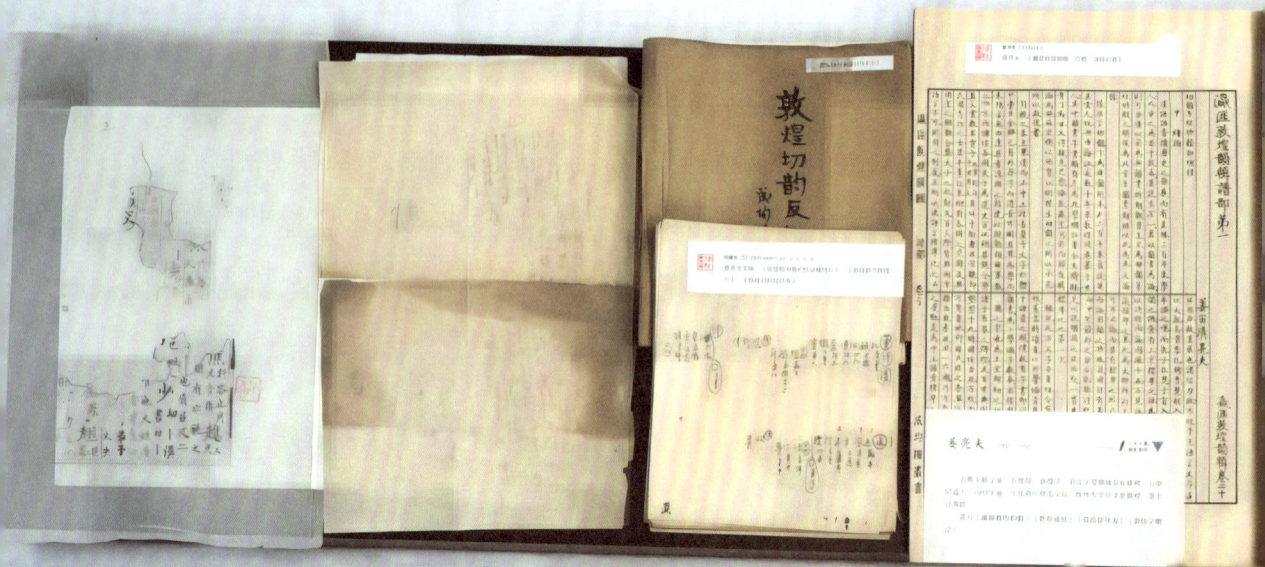

姜亮夫先生的《敦煌切韵最初抄录稿残片》《敦煌的书描残片》《敦煌切韵反切考》手稿

# 大先生"学问深"

姜先生在学术与教学园地里辛勤耕耘了70多个春秋,为我们留下了30多部学术论著、数百篇学术论文,涉及中国文化史多方面内容。其学术成就历来为学术界所瞩目,被尊为一代学术宗师。上海古籍出版社出版的"成均楼论文辑"分为楚辞学、敦煌学、古史学、古汉语等四类,这是姜先生创获最多的学术领域。[①]他70多年的学术生涯中,研究领域多有变化,但《楚辞》研究贯穿始终。姜先生的第一部学术著作《诗骚联绵字考》,即由《楚辞》入手;他晚年最满意的、同时也最能体现他一生学术风格的集大成巨著,也有关《楚辞》,这就是著名的《楚辞通故》。[②]

姜亮夫先生的《楚辞通故》手稿本

---

① 刘跃进,江林昌.姜亮夫先生及其楚辞研究[J].文学遗产,1998(3):99.
② 刘跃进,江林昌.姜亮夫先生及其楚辞研究[J].文学遗产,1998(3):101.

姜先生的学问博大精深、自成一家,形成了一套独特的治学方法。"我一生从事学术研究的方法是把人文科学领域里与我研究范围相关的内容注意收集、综合、分析,同时也注意自然科学相关资料收集,以至于宗教方面的材料给予适当运用。"①在《根柢之学与博与专的道路——我的治学一得》一文中,姜先生强调了根柢之学的重要性,认为根柢之学是"从事科研的人所应具备之学",讨论了学问博与专的问题,指出"学问不能博则专也有所不能",应当重视综合研究。②此外,姜先生治学"从基础入手,由浅入深,做深做透;同时注意普及与提高并重",工具书《楚辞书目五种》《莫高窟年表》、研究巨著《楚辞通故》《瀛涯敦煌韵辑》、普及作品《楚辞今绎讲录》《屈原赋今译》《敦煌——伟大的文化宝藏》《敦煌学概论》等楚辞学、敦煌学系列成果,都是在这样的治学方法指引下形成的。③

除了科学的治学方法之外,卓越的学术成就也离不开姜先生宽广的学术胸怀与开阔的学术视野。比如姜先生对敦煌的关注,由家国情怀触发,但并没有因此受限。他相信总有一天"敦煌在中国,敦煌学也在中国",也认识到"敦煌既是中国的,也是世界的"。1990年,敦煌研究院召开国际会议,当时年近九十的姜先生虽不能亲自与会,但心向往之,专门为会议写了一幅字:敦煌学是全人类的同心结。这就是说敦煌不光是中国的,也是世界的,是全世界人民的共同财富,需要全世界的学者一起来研究。这就跳出了狭隘的民族情结,而把敦煌学研究放到一个更广阔的学术空间中去,这对促进敦煌学的研究是很有益的。④

## 大先生"教有方"

姜先生对老师们都有着很深的感情,特别是清华大学国学研究院的梁启超、王国维、陈寅恪、赵元任等导师以及后来的章太炎先生,一直以他们的学识和境界

① 姜亮夫.谢本师——学术研究方法的自我剖析[J].浙江学刊,2001(4):88.
② 姜亮夫.根柢之学与博与专的道路——我的治学一得[J].文史哲,1981(1):45-48.
③ 张涌泉.姜亮夫先生的胸怀和做学问的方法[J].昭通学院学报,2017(3):7-10.
④ 张涌泉.姜亮夫先生的胸怀和做学问的方法[J].昭通学院学报,2017(3):7.

姜亮夫先生与学生们在一起

感染着、滋养着自己。当姜先生自己走上高等教育的讲台，当他在发展中传承学问，当他将学术研究方法倾囊相授，一条隐约却坚定的"学脉"默默接续，串联起中国文化学的过去、现在与未来。

　　1979年，受教育部委托，年逾古稀的姜先生怀着对文化教育的关切与对后辈的殷切期望，开设楚辞进修班，为全国十余所重点大学培养楚辞学专业研究人员。学生每周一个上午在教室上课，一个下午在姜先生家听讲；其他时间分别安排了个别辅导，也可随时去请教姜先生。姜先生讲课时不带讲稿，却以清晰的思路、流畅的语言、洒脱自然的授课风格，将深奥复杂的楚辞讲得头头是道，让听讲者心悦诚服，赞不绝口。每讲完一个章节，开列有关参考书目后，他总要问大家："听懂了没有啊？""还有什么疑问吗？"当学员有了令他满意的表示，姜先生才微笑着起身，由两位学员搀扶着走出教室。此外，还有一个不成文的规矩：12位学员自愿轮流每天晚饭后陪姜先生到户外散步谈心，让姜先生能够身心放松。前往陪同的学员，也能从谈话交流中得到指点，这被戏称为"享受小灶待遇"。[①]四年后，姜先生再次接受教育部委

① 殷光熹."眼瞎心亮""播种得瓜"——忆姜亮夫先生与杭州大学楚辞进修班[J].职大学报,2013(1):36-41.

托,在杭州大学举办全国首届敦煌学讲习班,在敦煌学领域言传身教、接引后学。

1983年9月,杭州大学古籍研究所成立,姜先生任所长。同年9月,杭州大学古籍研究所首届中国古典文献学专业硕士研究生入学,姜先生亲自制定了一个"体大思精"的硕士生培养方案。在本所与本校中文系、历史系教授外,姜先生还请地理系陈桥驿先生讲中国历史地理,物理系王锦光先生讲中国科技史,数学系沈康身先生讲中国建筑,教版本学、佛学的老师则是从北京请的。从浙江美术学院(现中国美术学院)请来讲《周易》的老师章祖安一度因故要中止授课,83岁的姜先生用毛笔亲写一封短札:"专题周易报告,无论如何请你讲完,为了孩子们,非为吾辈计也。"①

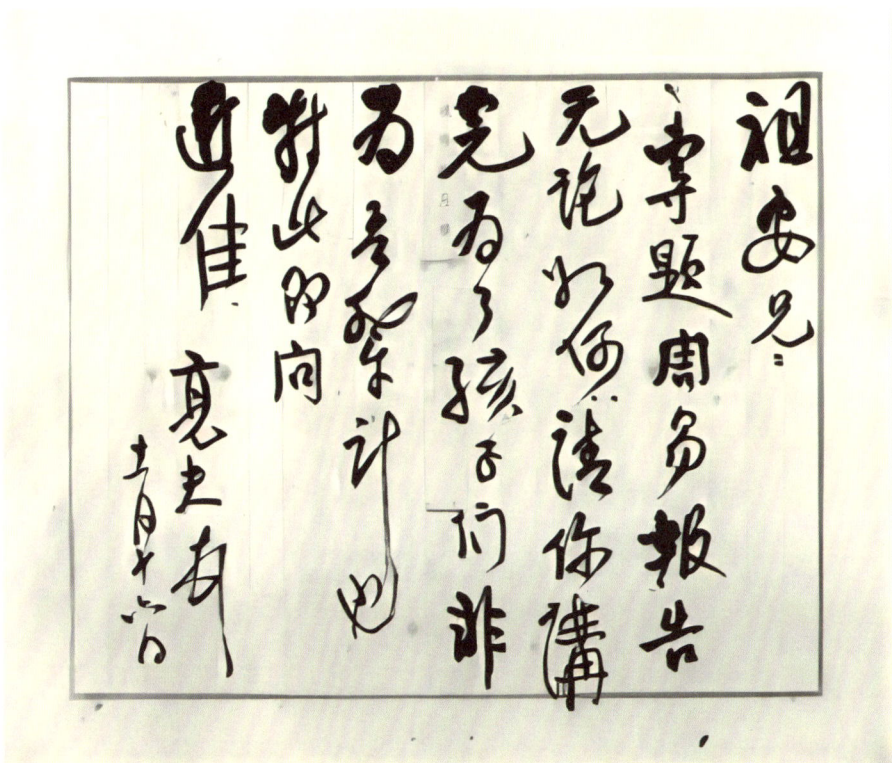

姜亮夫先生致章祖安先生的短札

---

① 傅杰.师从姜亮夫、章祖安诸先生的岁月[EB/OL].[2016-02-17](2022-03-01).https://www.ifeng.com.

20世纪早已远去,近乎与20世纪同寿的姜先生以其辉煌学术成就与博大的精神境界永远留在学界,留在人们心中。"要求每个毕业生能普照整个专业与中国全部文化史——至少是学术史的能力及各个方面(指学术分类)的独立研究古籍能力,而且有永久坚强的毅力,自强不息的精神,坚(艰)苦卓绝的气概!"姜先生的"最后最高要求"也始终掷地有声。先生之风,山高水长,垂范后世,教泽流芳。他就是我心中的求是大先生。

作者简介

沈骞,浙江大学文学院(筹)古典文献学专业2020级本科生。

## 人物名片

陈立(1902—2004),字卓如,湖南平江人,著名心理学家、教育家,中共党员。1928年毕业于上海沪江大学,1933年获伦敦大学心理学博士学位。原杭州大学、浙江大学教授,曾任浙江大学文学院院长、浙江大学教育系主任、浙江师范学院院长、杭州大学校长、浙江大学名誉校长等职,我国工业心理学的创始人,智力理论和心理测验研究的先驱。先后被授予英国伦敦大学院士称号,中国心理学会、中国人类工效学学会"终身成就奖"的学会最高荣誉。

# "会心在四远，
不是为高飞"

# 陈　　立

## 初识的高山仰止

我是1985年入读杭州大学心理学系的，当年因高中时沉迷作家张洁的小说《沉重的翅膀》，我不顾高分直奔杭州大学心理学系。那些关于国企改革、行为科学如何在企业管理中运用、工业心理学的价值等描述委实迷人，还有什么比探知人心的奥妙更激动人心的呢？

来校后才知道书中H大学陈校长的原型便是陈立先生，杭州大学心理学系的创立也正是源自先生身体力行地反复呼吁。陈立先生是泰斗级的人物，伦敦大学斯皮尔曼教授（著名心理学家，因素分析以及智力双因素论的提出者）的博士、德国柏林大学苛勒教授（格式塔心理学的主要代表人物）的博士后，清华大学和中央研究院工业心理学研究员。1939年，他应竺可桢校长邀请到浙大任教。而后他推动了1978年心理学专业在杭州大学的创立及1980年心理学系的创建，杭州大学也因此成为"文革"后全国第二个恢复建立心理学系的大学。彼时先生已80多岁，而且还担任杭州大学的名誉校长，我们却常能在系里的重要会议、答辩活动中看到先生的身影。每次他都是精神矍铄，妙语连珠，令人不得不佩服先生的精力和思维。

确实，80多岁的先生那时还是那么高产。20世纪八九十年代，我们常常在各类心理学期刊上读到先生的文章。彼时我对心理测量怀有浓厚兴趣，先生的一篇《我对测验的看法》给我以正确的研究和应用心理测验的导引。先生在文中一方面为测验正名，提出"测验的根源是承认人有个别差异""测验与定命论无关"；另一方面强调测验编制要有理论和方法的支撑，应同时追求信度和效度，要避免与问题毫不相干的"草包"问题，须注意取样的样本局限等。更重要的是，先生反复要求应慎重应用测验，提出切忌出现如"林冲刺面，终身蒙垢"一样的贴标签效应，他主张"测验一定要和治疗、教育结合"。

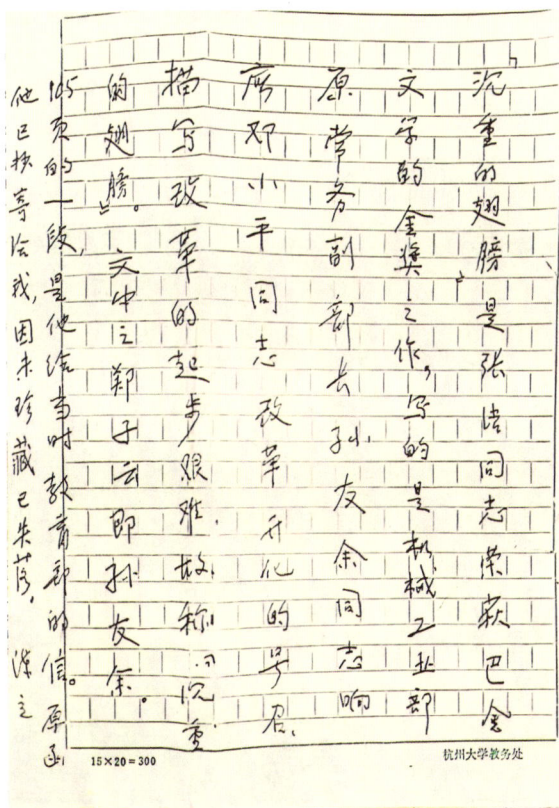

陈立先生回忆《沉重的翅膀》

陈立先生（中）获得中国人类工效学学会终生成就奖留影

陈立先生（左六）获得中国心理学会终生成就奖留影

先生的求实求真让人叹服。作为第一个在国内介绍和应用因素分析、娴熟使用心理测验的心理学家，先生恰恰是最审慎的对待者，他的《习见统计方法中的误用与滥用》《测验效度理论析义》《项目反应理论初评》等论文不断地提示着后来学者，防止对测验和统计的误用滥用。先生是斯皮尔曼很欣赏的高足，但他对导师提出的智力G因素不变论断并不盲从，而是编制了10种测验，对小学、初中、高中、大学的近800名学生进行测试，计算了近400个相关数据，通过繁复因素分析，提出G因素结构会随年龄增长而简化，其成果在美国《发展心理学》上发表，受到国际同行的称道。真是吾爱吾师，吾更爱真理。我的硕士导师汪文鋆先生多年来坚持不将她主持开发的智力障碍儿童诊断量表和儿童社会适应能力量表用于非专业人士的商业目的，我想这中间也秉承了陈立先生的主张。多年后，当我致力于开发个体诚信度评价量表时，重读先生文字，体味先生所说的贴标签效应仍觉醍醐灌顶。

## 先生的慈祥和憾痛

彼时高山仰止的先生又是那么地平易近人和豁达。当年无论是在心理楼办公室还是走廊碰见先生，先生都会跟我们学生攀谈。

第一次有机会近距离地与先生接触是在大学二年级。因为担任学生心理学会副会长一职，要举办一些讲座和创办属于学生们的稚嫩期刊，想让先生提点意见。惴惴地给先生电话，没想到先生竟然同意了，于是满怀景仰地与同伴一起到孩儿巷先生的家。穿过车水马龙的延安路，孩儿巷中先生的家是繁华市井里的静谧小院。记得先生问起我们选读心理学专业的缘由，我一五一十地说起了一本小说引来的选择，先生大笑着回应，你该选择工业心理学专业才对呀，害我闹了个满脸通红，但先生马上讲起了教育心理学的广阔应用前景。今天已记不清先生给我们提了哪些建议，但是清楚地记得窄窄的小巷和慈祥的先生给我们的那种如沐春风的感觉。孩儿巷，就这样让我在异乡有了不一样的意味。

第二次拜见先生是帮院务老师送一份资料给先生。彼时先生已将家搬到了体育场路。再见先生，没有了第一次的鹿撞，却多了份折服。先生远在北京的老同学90

岁生日,先生无力亲赴祝贺,就想亲发贺电。师母拗不过他,我便自告奋勇陪先生去邮局。从体育场路先生家到松木场的邮局,常人走路都需要颇费些体力,先生却自如地走了下来。一路走还一路跟我聊当年他们同时出国留学,一个选了物理、一个选了心理,一字之差,人家现在成就大了。感慨于先生的谦逊,我直言先生于工业心理学而言也是厥功至伟,先生一下子面色凝重地说:"如果不是因为心理学曾被批判为唯心的,不是因为那被耽误的十几年,我还可以做更多事呀。"一直以来见到的先生都是爽朗的、笑容亲近的,那一刻的凝重深深地刻进了我的心里。想来那段被迫中断学术的日子于先生是一辈子的痛。而后在邮局,先生竟在短短两三分钟里口占七言绝句一首,让人折服于先生的中文素养和待友的真挚。

## 高级心理学和闭卷考

真正有机会聆听先生的教导是在读研后。先生给心理学系的所有研究生开设了高级心理学课程,并亲自选编了相关文献装订成十大本的英文阅读材料。轮到我们这一届时,先生已近90岁,没想到他还坚持亲自给我们讲课。先生授课的那天下午,总会在马剑虹老师的陪同下准时出现在教室里,然后端坐在藤椅上,不紧不慢地开讲。先生谈他对因素分析的看法,谈英国塔维斯托克工业心理学研究所研究的企业条条奖励和块块奖励模式的效果差异,谈他留学期间的游历,谈他的导师斯皮尔曼,谈"文革"时期他与姚文元展开的那场"葛陈辩论"。停下来时已是傍晚学校广播的音乐声起。

先生说,他当然知道"葛铭人"是某位大人物化名的笔名,但是对的东西怎么可以不坚持,真理怎么可以不辩论,他笑谈到:"我也马上在光明日报上发表针锋相对的文章——《对心理学中实验法的估价问题》,但结果是惨痛的,被划成右派关进了牛棚。"先生云淡风轻地笑谈中,是那番铁肩担道义般的坚持和置生死于度外的豁达。

先生的思维是活跃的也是跳跃的,他的真知灼见不时地闪烁在他的漫谈中,我有时真恨自己思维转速过慢,稍不留神就跟不上先生的思考。是的,真知灼见,

陈立先生为学生授课

有他对于心理学研究方法的反省,有他对新的理论和研究成果的敏锐捕捉,还有他对我们为学、为人的指导。记得先生谈如何正确地对待已经攻读到高学位时的求学心态,先生引用了一句话,"Know everything is know nothing"。先生告诫我们哪怕你已读到了博士,你只是在一个感兴趣的很小知识点上不断深掘,可能你对其他知识仍然一无所知。想来这也是先生自己为学、为人所坚持的信条。泰斗级的先生在著文和演讲中总是有这种发自内心的谦逊。是的,先生是谦逊的,是那种高风亮节的谦逊,也许正是这种谦逊才使先生不断地在学术道路上坚持不懈地追求和创新。先生最喜欢自励的话是潘天寿题画诗"会心在四远,不是为高飞",这该是先生对自己的写照。

不过,先生那年给我们出的考题却小小地与我们开了个玩笑。十本高级心理学原著,考试却需要闭卷(闭卷考试也是先生所授这门课的惯例),听说先生出题是兴之所至,他随手翻到哪册翻到哪页看着哪个内容有意思就出哪个题。于是名词解释中的英文"SHENNONG"让我们抓了好一会头皮,多数同学折戟而归。实际上这题来自探讨LSD（致幻剂）与成瘾及异常行为关系的研究，文中讲到了我们的医学药学老祖宗神农曾遍尝百草研究过类似的中草药。不难想象先生出完题后因捉弄到我们而如顽童般开怀大笑，不过，这个法子对于督促我们用心地研读这十本英文文献真有功效。

## 鹅毛拜师和失之交臂

再一次见先生是1999年2月。1998年3月我调回学校，在杭大经济学院任教职，回归一直心心念念的工业心理学领域，同年初我报考了心理学系王重鸣老师的管理心理学方向博士研究生，成绩上线也被录取了，但正逢四校合并，因各种原因我被挂了起来等下一年的名额。到1999年初，我接到原杭大研究生处林夏芬老师的电话，林老师告知，陈立先生已向时任校长潘云鹤提出重新带博士生（据说当年陈先生向浙江省政府请辞杭州大学校长一职时理由也类似，简单到一句话——我要专心带博士生），林老师问我是否愿意转导师。

彼时先生已经是98岁高龄，能师从先生门下是我不敢想的梦想，我询问了相关程序和所需要的资料，预先请马剑虹老师通报了先生，在马老师的陪同下到体育场路先生家去拜师。近百岁的先生还是如同经年前一样精神、硬朗和慈祥可亲。先生望着我带来的一篮水果和鲜花风趣地说，拜师学艺送一根羽毛最合适了：礼轻情意重，千里送鹅毛。先生还是很健谈，谈生活，谈自己。先生说现在终于体会到记忆衰退的曲线了，并用现在每天只能坚持看几页英文材料来佐证，而他之前一天看十几页英文根本不成问题，听得我汗颜。那天谈得最多的还是关于心理学研究，对统计娴熟运用的先生检讨起了单纯使用定量研究方法的缺陷，他说现在对案例研究很有兴趣，想再选几个企业点深入进去，希望能有一个小的团队定期探讨。方法论、价值观、创新、创业研究这些英文词汇不断地在先生的漫谈中交替地出现。我似乎重新回到了大学生行列，而先生又适时地用他的询问来激发我的兴趣和思考。三个多小时的交谈很快过去，先生为接收我提笔给研究生院招办领导写信，先生是审慎的，他甚至已经考虑到我是在职研读，可能存在工作和学习时间冲突的问题，所以，他既询问到"对入学后的在职学习,到底有多少时间可以利用于研读,有无正式规定,希呈请研究生院院长核定(如必要?)",同时他也做出郑重允诺,"保证如期毕业"。看得我既心潮澎湃也心下惭愧。

不过,那封短信还是出了点小状况,先生以为我还需要再考一次,马剑虹老师发现了这个问题,但让先生重写一份的话时间已晚,也不忍再叨扰先生,于是马老师帮忙紧急打印了一份表述正确的信函,让先生签上字,嘱我带到研招办。只是,还没等我将信交到研招办,王重鸣老师已经来电让我去面试,并很快将我招入其门下。我只能遗憾地告知先生无法成为他的学生了,先生却依然豁达地送了我很多鼓励的话。戛然而止的师生缘让人抱憾很久,好在,在王重鸣老师团队的我仍然深深体会到了从先生那一脉相承下来的求真务实、严谨勤奋的学术之风,并一直受益至今。

## 赤子之心和丰碑永存

先生在2004年3月18日以近102岁高龄离开我们,无数的名家以及先生的亲朋好友、弟子们都写来了悼文、祭文,先生再次在这些文字中鲜活起来,令我们扼腕长叹更心怀敬仰。比如关于四校合并,先生主张学校的优势互补和资源共享,希望重振浙大雄风。20世纪80年代初百废待兴、人心向上、四校规模也相对较小时,先生和朱祖祥、苏步青等教授认为是合并的好时机,竭力主张四校联合,可惜未能如愿。

后来四校成功合并,先生既欣慰也忧虑。师奶奶马医生的祭文中抄录了整理先生遗物时发现的先生笔记本中夹带的纸条:"1.翁文灏当行政院长。我在《科学与社会》一文中就批评过他,科学家当上了官,就变成了政客,我希望浙大不要成为衙门。2.在工作改革中,不要在冥想中出主意。所以我主张联合前不要大动,仍以院系为主,照常工作下去。但在过渡中一定要设法多开些会,调动大家积极性。在学术活动中,一定要强调民主,在党的十五届五中全会精神指导下,广开言路,集思广益。蔡元培和竺可桢的历史时代过去了,但民主作风仍然值得强调。3.要创造条件,培养人才,改革开放。知识经济的核心问题:千里马常有,而伯乐不常有,贵在知人善用。不仅善用,更要尽力培养。要派人到先进的研究与开发的硅谷去,不是博士,而是特别顶用的人,看空补缺,务求实效,解决问题。"这字里行间是一颗永远倾注于教育事业的拳拳赤子之心。先生虽然离开我们了,但先生留给我们的精神财富和丰碑永存。

作者简介

陈丽君,杭州大学心理学系1992届硕士生,现为浙江大学公共管理学院政府管理系教授、博导,浙江大学行政管理研究所所长,浙江省人才发展研究院院长。

人物名片

李浩培（1906—1997），上海市人，中国当代著名国际法学家。1928年毕业于东吴大学法科，1936—1939年在英国伦敦政治经济学院研究国际公法、国际私法、比较民法。1946年9月任浙江大学法学院院长，1948年3月兼任训导长。1982年担任外交部法律顾问。1985年当选为瑞士国际法研究院院士。1993年当选为联合国前南斯拉夫问题特设国际刑事法庭法官。《中国大百科全书·法学》编委会委员兼国际私法分支主编。

# 假我一十载，
了此万年心

## 李浩培

1996年，李浩培先生在90岁生日那天赋诗一首："天道好仁爱，人生喜晚晴；假我一十载，了此万年心。"1997年11月7日，李浩培先生永远离开了我们，而这句诗，也成了他的学术遗愿，以及我们不懈努力的方向。

### 初闻大先生事迹

2020年的盛夏，我初入求是园。军训时，我与光华法学院就结下了不解之缘。当时，我所在连队的指导员——光华法学院骆笑老师为我们介绍了光华法学院的悠久历史与专业特色。那是我和光华法学院最初的相识。

秋日，杭城热意渐退，到了主修专业确认的抉择时刻。彼时我站在人生一个小小分岔路口，对于自己的专业选择尚在犹豫。也是在那时，我了解了光华法学院的历史、师资与专业课程，知道了法学院的首任院长李浩培先生，进而深入了解了先生的生平。

晚清时代，中国与西方列强签订了一系列不平等条约，一些有识之士逐渐认识到当时的中国在国际法领域的落后，于是开始学习国际法。李浩培先生就是其一。1928年，先生以第二名的优异成绩从东吴大学法科毕业，随即赴英国伦敦政治经济学院师从劳特派特教授研究国际公法，同时师从卡恩·弗劳因特教授研究国际私法和比较民法。除听课外，先生每日都在图书馆做研究。同时，先生曾向英国人民讲演，声讨日本帝国主义的侵华行径。第二次世界大战爆发后，先生中断学业回国，1939年12月抵达迁移到四川乐山的武汉大学，任法律系教授。面对动荡的局势与落后的国家，先生深深被撼动，先后在《中华法学杂志》上发表了《国际私法中之反致与转致的问题》《国际私法中的公共秩序问题》《关于侵权行为的国际私法问题》《死亡宣告的管辖冲突与法律冲突问题》《权利能力的准据法》等多篇文章，针对性地探讨跨境司法活动遇到的问题。他用自己在欧洲学到的知识与做过的研究，为当时中国仍一片空白的国际私法研究领域注入了新鲜血液，开创了中国国际私法领域的学术研究先河。其著作《国际私法总论》是中国国际私法的奠基之作，《条约法概论》是新中国成立后第一部全面和系统论述条约法的专著。

晚年的李浩培先生（右一）

1946年，应时任浙江大学校长竺可桢邀请，李浩培先生出任浙江大学法学院院长，开始筹办浙江大学法学院，同时担任刑法和国际私法等课程的教授。先生博采各国法制之长，建立中国法学，发展具有中国特色的法学。先生执教浙大法学系期间，始终把提高专业素质、加强实践能力作为法学教育的重心。为了学生能够得到良好的法学教育，他广邀海内外著名法学学者前来为师生讲学，把办学经费主要用于购置中外文图书上，引导学生们心中一定要怀揣关于法学的远方、关于青年一代的明天、关于祖国的未来。

先生所希望的"远方"，有关正义、严谨的"远方"，在我选专业的犹疑之时，于无形之中，为我认识世界的方法、关于"远方"的理想坚定了方向——我最终确认专业为法学，成了光华法学院的一员。

## 致力理论与实践相结合

李浩培先生不仅有严谨的治学态度与长远的眼光，更有坚持学术与坚持为人的初心，一生致力于国际私法的理论研究，同时兼顾推进国际私法在中外的实践。先生在浙江大学法学院任教时，兢兢业业，用最赤诚的心面对莘莘学子，不仅讲授法学知识，更申成人之道，引导学生们将书本上的知识落实到行动上。

除了浙江大学，武汉大学、外交学院、北京大学、南开大学、中国政法大学都留有他执教的身影。先生的一生，除了执教，也留下了大量的理论著作。精通多国语言的他也独译或同他人合译了《法国民法典》《德国民法典》《美国刑法的反动本质》《苏联证据法中的实质真实》《纽伦堡军事法庭判决书》《奥本海国际法》等多部国际法学经典著作。调任外交部后，先生接触了诸多现实中的国际公法问题，在国际公法方面做了深入研究，先后出版《国籍问题的比较研究》《条约法概论》《国际法的概念和渊源》等多部重要作品。

1977年起，随着现代化建设的快速推进，涉外民事法律关系的有关问题也相应地成倍增长，种种国际私法问题亟待从实践层面加以解决。于是，先生与众多国际私法学者主动接续起国际私法学的薪火，先后两次在全国法律专业师资进修班讲授国际私法,培养新生教学力量。87岁高龄时担任联合国前南斯拉夫问题特设国际刑事法庭法官,后兼任海牙国际法学院教授,由于先生在庭审中的渊博学识与独到见解,国外法学同行对先生均赞赏有加,评价先生为"国际法官的楷模"。

据李浩培先生的女儿、中国政法大学国际法学院的凌岩教授回忆,先生"之所以能够写出学术价值很高的国际法著作,应归因于他一生矢志不渝的认真勤奋和脚踏实地的治学态度"。"闻鸡起舞"一词,已经不足以形容先生对待工作的态度,"他每天比报晓的雄鸡起得还要早"。四季更迭,无论天气寒冷还是酷热,露天阳台上始终都有先生看书的身影,从未改变。接触过李浩培先生的人,无不认为他就是一部鲜活的法律字典。

如今我来到风景优美的之江校区,在月轮山上沉下心来学习法学,也即将度过在求是园的第三个春天。午后的阳光里,我常常在之江通幽的小径里徜徉,一幢幢红色砖楼仿佛在我面前打通古今,历史上为法治事业奋斗、献身的人物,还有曾经同样和我身处求是园中的竺可桢校长、李浩培院长、林俊德院士……这些真实存在过的伟人在我们新一代浙大人面前具象化地展示了求是创新的浙大精神,证明了在渺小的肉体、有限的生命、受限的生理机能之下浙大传统、浙大精神以及浙大人

2017年5月21日,浙江大学法学院首任院长李浩培先生纪念活动在光华法学院图书馆顺利举行

未来使命的可能性，将我原本的"一个小小的学生我能做什么"的妄自菲薄彻底抹去。

他们是真正的求是大先生，而现在，我们在大先生的精神引领下，继续践行青年一代的使命。

## 桃李天下，精神永存

伟人之所以是伟人，正是因为他们在历史的波涛汹涌中立下丰碑。他们不是我们身边永远的陪伴者，却如明亮的星星始终在深夜里照耀、温暖着我们。

何谓"传承"？

李浩培先生的女儿凌岩女士，继承了父亲的衣钵继续进行国际法的研究，成为中国政法大学的教授。

"人民教育家"、新中国第一位刑法学博士生导师、浙江大学法学系1947级校友高铭暄教授，也是在李浩培先生的教导、培养下，坚定地走向刑法学研究。1949年9月，浙江大学法学院被迫停办，为了支持高铭暄继续学习，李浩培先生将高铭暄举

李浩培学生——已过耄耋之年的高铭暄教授，依然坚持在教学岗位上奉献

荐到北京大学法律系。而后，高铭暄秉持对学术的热爱与对祖国的赤诚，毕生致力于中国的刑法学研究，全程参与了新中国第一部刑法典的起草工作。

2013年中秋，北京浙大校友会拜访高铭暄教授时，他兴致勃勃地回忆起师从李浩培先生在浙大求学的故事，"李浩培是我的恩师，对我一生影响很大，我学刑法学也受到李浩培先生的影响。当时浙大法学院成立比较晚，没有请到刑法学教授，李先生就亲自给我上课"。

翻过历史的书页，从李浩培先生到高铭暄教授，再到今天的光华法学院，今天的我与我身边的同学们在月轮山上铭记"求是厚德，明法致公"，并将其镌刻成为一名法律人正义、善良的信念。在百年未有之大变局中，我们的疑问也许多于笃定。对于竺可桢老校长的两问，我也时常追问自己，却不曾敢给出答案：我怕自己成为不了想成为的人，也怕自己的名字不能同浙大历史上那些灿若星辰的名字般耀眼。但是，李浩培先生的故事告诉我们，不要再仅仅求索而掣肘于臆测，不要再想要启程而停滞于疑虑，更不要被喧嚣打断沉静。

身为浙大求是学子，我们要遇曲直而疾呼，追寻一隅纯净的心灵天地，保持清醒的青年头脑；身为一名法律人，我们应当志存高远，为中国法治事业的建设继续添砖加瓦。踏进求是园，便要摒弃精致的利己主义，我们肩上不仅有自己未来的归宿，更担有国家命运的责任，我们不仅是我们自己，更是家国前途的一部分。

"求是大先生"的意义，不只是为了铭记，更是为了前进。走过百年风雨飘摇的求是园，一代又一代求是学子执求是之灯，照人生之境。我永远不会忘记初闻浙江大学校歌时的震撼，"大不自多，海纳江河"，"树我邦国，天下来同"。

假我一十载，了此万年心。李浩培先生的学术遗愿，在我们身上会找到答案。

作者简介

孙天泽，浙江大学光华法学院法学专业2019级本科生。

人物名片

王淦昌（1907—1998），江苏常熟人，中共党员，核物理学家。1929年毕业于清华大学，1933年获德国柏林大学博士学位。曾任中国科学院近代物理研究所副所长等职。1941年提出验证中微子的实验方案。20世纪50年代领导建立了云南落雪山宇宙线实验站，使中国的宇宙线研究进入国际先进行列。在中国第一颗原子弹和第一颗氢弹研制中做出了突出贡献。1982年获两项国家自然科学奖一等奖，1985年获两项国家科技进步奖特等奖，1994年获首届何梁何利基金科学与技术成就奖，1999年被国家追授"两弹一星"功勋奖章。1955年被选聘为中国科学院学部委员（院士）。

## 以身许国

# 王淦昌

每到浙江大学的校史馆，人们常常会在这枚"两弹一星"功勋奖章前驻足良久。而它的获得者，正是浙江大学校友，著名物理学家、教育家，曾任物理学系系主任的王淦昌教授。2013年5月28日，在王先生诞辰106周年之际，他的子女们将这枚弥足珍贵的金质奖章，无私捐赠给浙江大学档案馆永久收藏，成为激励一代代浙大学子求是创新、矢志报国的精神财富。

王淦昌"两弹一星"功勋奖章

# 烽火峥嵘

1936年，应竺可桢校长的邀请，王淦昌至浙江大学物理系任教，成为学校最年轻的教授。他也许没想到，之后14年他将与这所学校一同在危难中颠沛求存，栽育出一朵朵惊艳世界的科学之花。抗战全面爆发后，师生抗日心切，他与物理系实验室管理员任仲英先生一起上街挨家挨户宣传抗日救国，动员民众捐献废铜铁，他自己也把多年积蓄的白银和结婚时的首饰悉数捐献给国家。1937年11月，日军侵略迫使浙大师生开始向西流亡，王淦昌随浙大途经浙江建德、江西泰和、广西宜山等地。一路上，他开设近代物理和军用物理课，即便修课的学生只有两名，他也一样认真备课、讲课并关注着世界物理研究领域最新动态。最终在遵义湄潭这座小山城里，王淦昌获得了宝贵的科研时间。

王淦昌（右二）及家人在湄潭

王淦昌先生的学术思想十分活跃，他始终保持着对科学的超前敏锐性和深刻洞察力，在浙大任教期间提出了著名的中微子探测试验方案。在给学生们讲解科学上的重大发现时，他"总是情不自禁地流露出孩子般的喜悦之情。这种时候他常显

王淦昌赴美考察后回国与1947级学生合影

得很兴奋,而且会不住地说'嗳!有趣极了!'课后,学生们还不肯罢休,在教室门外围着他讨论各种问题"[1]。有一次,教室和学生宿舍被敌机炸毁,百余同学的被褥行李被焚,全校师生都积极伸出援手,先生则将家中的棉被捐给同学御寒。

担任系主任期间,每逢新生入学,先生都要徒步往返数十里去当时永兴一年级分部会见新入学的学生。他在交流中曾动情地说,"物理学是一门很美的科学。大至宇宙,小至基本粒子,都是研究的对象。寻求其中的规律,这是十分有趣的。你们选择了一个很好的专业"。他几乎开遍了物理系每一门课程,甚至还应师生要求开了门军用物理课。1945年,日本广岛原子弹爆炸后,王淦昌给学生讲解原子弹的原理,吸引了更多学生转到物理系。没想到,近20年后,他和他的不少学生们参与研制的原子弹也在祖国大地上试爆成功了。诺贝尔奖获得者李政道曾是当时的浙大学子,他后来写道:"直到现在,我还能记得曾有过的讨论,以及他们激起的我对物理的热情。"

就这样,硝烟战火没有击垮浙大,王淦昌也不负重托,将探寻未知的星光播撒进了一代代浙大学子的心中,也一同迎来了新中国的曙光。

## 向和铸盾

新中国成立不久,应钱三强先生邀请,王淦昌到北京任新成立的中科院近代物理研究所研究员。抗美援朝期间,为了探测美军是否在战场上投掷了放射性物质,

---

① 胡济民,许良英,汪容等.王淦昌和他的科学贡献[M].北京:科学出版社,1987.

他和吴恒兴等人跨过鸭绿江，冒着生命危险在朝鲜战场上努力工作4个月有余，很好地完成了任务。

王淦昌代表我国参加苏联杜布纳联合原子核研究所工作并任副所长，期间他领导的小组宣布发现了反西格玛负超子存在的证据。诺贝尔奖获得者杨振宁教授在受到周恩来总理接见时，曾评价说这是苏联当时那台加速器上产生的最有分量的成果，没有之一。然而，1959年6月，苏联撕毁合约，拒绝提供原子弹模型及图纸资料，企图阻挠我国核军事工业的发展。我国决心自力更生，代号"596"的研制原子弹的任务迅速展开。

20世纪50年代，王淦昌（右一）在苏联杜布纳联合原子核研究所

1960年12月，王淦昌回到祖国。4个月后，时任二机部（后来的核工业部）部长的刘杰和副部长钱三强向王淦昌传达了中央要求自力更生发展核武器的指示和周恩来总理的口信。刘杰恳切地说："王教授，我们想请您参与和领导研制原子弹。""这件事情要绝对保密，上不告父母，下不告妻儿，一旦投身其间，恐怕就要告别基本粒子研究工作，您意向如何？"略一沉吟，王淦昌便坚定地说："我愿以身许国！"三天后，他便孤身一人来到了核武器研究所。从此，在世界物理学界鼎鼎有名的王淦昌仿佛消失了。

他的名字变成了"王京"，通信地址变成了信箱代号；他放弃了功成名就的基本粒子研究，改方向为他不熟悉但国家迫切需要的核应用研究；他从此再未公开发表

1964年10月16日，中国第一颗原子弹试爆成功

一篇论文,从不参加国际学术交流……1964年10月16日15时,中国第一颗原子弹准时爆炸,戈壁滩上空升起了蘑菇云。王淦昌、彭桓武、郭永怀、朱光亚等科学家们流下了激动的眼泪。1967年6月17日,我国第一颗氢弹爆炸成功。从原子弹到氢弹,美国用了七年,苏联用了四年,而我国仅用了两年八个月!

同样也是隐姓埋名数十载,一心为国铸核盾的物理学家、浙大校友、"两弹一星"功勋奖章获得者程开甲先生曾写道:"通过与王先生一起工作,使我感受到对科学不仅要有严肃谨慎、一丝不苟的精神,而且还要有超脱开阔的胸怀,对于尚未能有根据来排斥的观点,应该有一点包容的精神。"[1]

"两弹"的成功,打破了苏美核垄断,有力维护了国家安全。此后,王淦昌先生又继续投身促进激光惯性约束核聚变研究,并于20世纪70年代末与其他几位专家一道联名上书中央,提出发展核电的建议,并受邀给中央书记处和国务院领导同志讲课,积极推动我国核能的和平利用。

## 初心不改,赓续前行

1979年,王先生以72岁高龄加入了中国共产党。有人问:你是久负盛名的科学家了,已经七十多岁,为什么还要入党?先生深情地回答:"粉碎'四人帮',我们党有希望,国家有希望了。我愿意为党为国家多做一些工作。"

入党后,王先生时时刻刻以党员的标准严格要求自己。"有时一天的工作已使他筋疲力尽,他仍坚持返回百里以外的研究所,参加党组织活动。"王淦昌先生的同事和朋友、浙大物理学院教授、中国科学院院士唐孝威先生曾回忆,"王老入党后,更加严格要求自己。1985年,一次我见到他时,他对我说:'小唐,你是党员,我也是党员。我们正在进行整党登记,你给我提提意见。'在有些人以走过场的态度对待整党的情况下,王老如此认真对待整党,使我深受感动。"[2]

浙大校友、浙江近代物理中心主任、诺贝尔物理学奖获得者李政道先生说:"王

① 胡济民,许良英,汪容等.王淦昌和他的科学贡献[M].北京:科学出版社,1987.
② 胡济民,许良英,汪容等.王淦昌和他的科学贡献[M].北京:科学出版社,1987.

淦昌教授一直受到世界科学界的高度尊重。在中国物理学的发展上，以及对几代物理学家的教育培养上，他所起的巨大作用，已经是历史事实。"

走进大西区物理学院新大楼4楼，先进核能理论与应用实验室的文化长廊上，王淦昌、程开甲等老一辈科学家的事迹，总是给人以莫名的巨大能量。这个实验室，是浙江大学与中核集团为了贯彻党中央对核能科研的要求，以先进核电技术、核燃料等方向为抓手，深化核能领域基础研究和关键技术研发而共建并联合运行的。如今，王淦昌等代表的"两弹一星"精神以及以身许国的爱国精神，正激励着一代又一代的浙大人加入这个行列中来，向着更高质量、更加卓越、更受尊敬、更有梦想的远方，砥砺奋进！

作者简介

邹安川，现为浙江大学物理学院党委副书记。

人物名片

王仁东（1908—1983），原名裕大，上海市人，中共党员。应用力学家与力学教育家。1935年毕业于上海交通大学机械系，1939年来到西迁途中的浙江大学，创办了化工机械专业和固体力学专业，是我国化工机械和断裂力学工程应用的开拓者。浙江大学力学系第一任系主任、浙江省力学学会首任理事长。曾获1978年全国科学大会优秀成果奖，主持了第一个具有我国特色有关压力容器缺陷评定规范（CVDA）的试验和制定工作。

# 平生风义兼师友

# 王仁东

　　玉泉校区第四教学大楼的门厅里，树立着一个铜制半身像。周边的人不是匆匆地赶着去上课、自习，就是碌碌地奔往食堂、寝室，少有人在这座雕像前驻足，但他却年复一年地注视着每一位进出第四教学大楼的求是学人。这个雕像不是别人，正是我心中的求是大先生——王仁东先生。

　　王先生是我们浙江大学化工机械学科的创始人，但我对先生的深入了解是在我自己成为一名青年教师，并讲授"过程设备的选型与设计"专业课的时候。那时，恰逢研究所的退休教师王宽福教授（王仁东先生次子）受邀参加"四史"学习分享活动，活动后，王教授赠我一本小书，乃是王仁东先生百岁诞辰的纪念文集。我一口气读完，久久不能平息。次日，我惶然于对这样一位鸿儒硕学的不曾了解，长久地徘徊踟蹰于王先生的雕像前，并在心中产生了一种强烈的渴望——把先生的故事讲述给更多的学子，将先生的精神永远传承下去。

# 临患不忘，苟利国家

　　王仁东先生于20世纪初出生于上海一位爱国医生家庭。先生的本名原不为"仁东"二字，在甲午战争爆发后，其父为表达对日寇侵略的无比愤恨，毅然将三个儿子的名字改为"仁东""平洋"和"佑中"，这既寄托了父亲"驱除日寇、平定东洋"的愿望，也为王仁东先生的一生，打下了"科学报国"的烙印。

　　1921年，王仁东先生入读南洋中学。就读期间，他的学习成绩始终位列全班第一，还担任过上海学联代表和筹款部主任并参与了五卅运动。1926年，他考入上海交通大学机械系，以优异的成绩完成了学业。

　　20世纪30年代，中华大地风雨飘摇，上海已然沦陷。王先生刚毅坚强，断然不愿苟居故土当亡国奴，便于1939年经好友介绍，投奔当时迁至广西宜山的浙江大学

王氏三兄弟与父母合影（右起第一人为王仁东）

1947年，王仁东先生（右）在美国与竺可桢校长（中）、侯虞钧先生（左）合影

任教。在浙江大学于贵州遵义办学的七年中，有人另觅营生，有人意志消沉，而先生却始终勤恳治学，敝衣粝食、攻苦茹酸，那颗幼时于爱国进步家庭中播洒下的"科学报国"的种子，终于酝酿成了毕生的志业。由于授课深入浅出、旁征博引，王先生深受学生的欢迎。

1946年，王先生经由竺可桢校长推荐，公费赴美考察进修。1949年，新中国成立了，王先生抛下了在异国的全部事业，于建国第二天毅然回到了祖国的怀抱，为浙江大学先后创办了化工机械专业和力学系，并于1956年被评为二级教授。尽管"文革"期间受到一定的冲击，但王先生始终坚持讲真话，哪怕被下放到工厂，还是坚持为工人大学讲课，为工程实际服务。

1975年，我国首次从日本引进了年产量30万吨的大型乙烯生产装置，其中有4台1900立方米的大型低温乙烯球罐经组装焊接后发现有大量裂纹。如果这4台球罐不能按时投产，国家每天会损失数百万元，而一旦投产后发生事故，后果将更不堪设想。王先生应邀参加了对外技术谈判，并主持了乙烯球罐断裂力学的安全分析工作。他白天调查了解施工现场的情况，晚上搞计算、看资料、进行理论分析。谈判开始时，日本专家趾高气扬，写了满满两黑板的公式来说明球罐有裂纹是安全的，企图以此唬住中国人，因为他们认为台下的中国专家肯定没有能做出反驳的理论水平。但没想到王先生快步走到台上，拿起粉笔直接对日本专家的推导打了两个大叉，同时写下详尽的公式和数据，指出了日方在断裂力学方面存在的问题，驳斥他们裂纹无碍的谬论，要求将球罐修复后再用。当即，日本专家目瞪口呆，随后上前深深鞠躬，承认球罐上的裂纹是重大缺陷，接受了中方提出的合理要求，给予了我方近万美元的赔偿。在此期间，王仁东撰写了《评伊藤田中公式》《再评伊藤田中公式》等一系列有关乙烯球罐安全性分析的论文。他说："我们要从中国的实际情况出发，吸收外国先进的东西，但不要迷信洋人。我们中国人是聪明的，要走我们自己的路。"这次国际性较量的胜利，为我国争得了声誉，激发了大家的爱国热情。王先生也因此多次得到各部委的表扬，原国家建委副主任张百发和原石油化工部副部长孙晓风这样评价道："浙大这样的教授，我们要！"

长期服务工程实践的积累，让王先生在1978年的全国科学大会上获得了充分的认可，他主持的"φ1010带裂纹合成塔的安全性研究"荣获全国科学大会优秀成果奖，开创了我国用断裂力学分析、评定大型工程设备安全性的先例，并于1981年成为国务院首批批准的"化工机械"和"固体力学"两个博士点的博士研究生导师。

## 勤恳治学，勇于开拓

1952年，为适应国家发展需要，我国决定在浙江大学等高等院校建立化工机械专业。王先生刚完成组建浙江大学力学教研室的工作，无暇歇息，便立刻肩负起在化工系筹建化工机械专业的任务，他一边积极促成校内的中青年教师与来华苏联专家的学习交流，一边不忘叮嘱："在创业阶段，决不能照搬照抄，也千万不要被外国有的成就所束缚，必须建立我国自己的学科体系。"也正是因为他的指引，我国的化工机械研究真正找到了独立自主、符合国家生产实际的发展方向。在之后的几年内，王先生以极高的效率和极大的热情完成了学科教材的编写工作，为化工机械专业的学生们开设了"真刀真枪"、紧密结合工业生产的毕业设计课程。

作为一名青年教师，对王先生的进一步了解，也让我对化工机械学科有了新的认识。王先生一直将化工机械学科比喻成"飞老虎"，在专业内涵上是"化工"与"机械"两个翅膀，在技术特色上则是"高压"与"高速"两个翅膀。"飞老虎"搞研究，最关键的是要讲求解决工程实际问题，而这也成就了浙大化工机械学科的特色和浙大化工机械人的血脉传承。

在王仁东先生的百岁诞辰之际，时任全国人民代表大会常务委员会副委员长、中国科学院院长路甬祥专门题词，号召我们"学习王仁东先生严谨治学、勇于创新、诲人不倦的精神"。2016年，浙大化工机械专业校友陈学东院士回母校参加"畅想2030——一流学科建设发展展望"座谈会，讲到化工机械学科的时候，他就感怀化工机械学科解决实际问题的踏实作风，帮他树立起了"为国民经济建设而读书"的决心。2021年，化工机械学科的带头人郑津洋教授当选中国工程院院士。在其后的专访中，郑教授提到了自己对于浙大化工机械学科特色的理解，"每个研究，我都力求做深做实做细，务必'落地'，以真正推动产业

1963年，王仁东教授(后排中)与化工机械教研组同事合影

的迭代升级和整个行业的健康成长"。

## 松篁诚笃,求是芬芳

1976年,"四人帮"被粉碎,历经十年苦熬,王仁东先生以更大的热情,重新投入到了无止境的工作中去。愤懑于他曾受过的错误对待,一些朋友对他的这份热情感到不解,而王先生只是说:"我们都是国家的一分子,祖国是我们大家的母亲,'家鸡打后团团转',就是挨过打,还是要回到自己的巢里去,个人的一些遭遇,算不了什么。"

在人生最后的几年中,王先生似乎不再感觉到疲惫,甚至连时间也不愿在他身上留下过多衰老的印迹。他非常珍惜仍能为所热爱的这份事业奋斗的时光,年过七旬的他,连一秒都不舍得浪费。一年中,王先生有近一半的时间在各地的学校、工厂、研究所、企业间辗转奔波。即便是大年初一,他仍然全身心地投入教学与科研工作中;病危的前一天,他仍然忍受着身体的折磨,为研究生上完最后的几节课……

1983年,王仁东先生逝世了。同年,他被追认为中国共产党党员,而这,也是他生前30年未有动摇的愿望。最让我动容的是,据他的亲朋所述,王先生在一生中去过北京几十次,却从未到过长城、明十三陵。他把全部的生命,奉献给了"科学报国"的志业。不做虚功无用功,老老实实做人,踏踏实实做事,将论文写在祖国大地上。我想,这正是以王仁东先生为代表的浙大化工机械人为学、为事、为人的自我修炼。

生命不息,战斗不止。每每进出第四教学大楼,王先生的雕像依旧,岁月光华,也一直注视和期待着一代代求是学人为国家、为民族做出新的贡献。

作者简介

钱锦远,浙江大学竺可桢学院混合班2011届本科生、浙江大学化工机械研究所2016届博士生,现为浙江大学能源工程学院化工机械研究所副教授。

人物名片

刘丹(1909—1989),安徽肥东人,中共党员。青年时代参与领导了安庆地区学潮和安徽大学的爱国学生运动。新中国成立后,任浙江省人民政府秘书长,后任浙江省文教厅厅长,浙江师范学院院长、党委书记。1952年11月,担任浙江大学党委书记。"文革"后恢复担任浙大党委第一书记兼第一副校长。1979年12月以后,担任浙江省五届、六届人大常委会副主任,中国国际文化交流中心浙江分会理事长、党组书记等职。1984年开始担任浙江大学名誉校长。

# 革命、战斗、奉献的一生

# 刘 丹

我作为一名普通的新生，来到浙江大学学习后在许多次偶然的接近、交谈中，对刘校长从认知、敬仰到崇拜。母校四年的学习，令我终身铭记的是像刘丹这样的求是大先生对我的谆谆教诲和亲切关爱，母校的恩情也将永远刻骨铭心。

## 抢抓发展机遇　建设社会主义新浙大

我于1954年考入浙大，让我印象深刻的是，我们这一届进校后入住了当时在全国高校中数一流的新校舍。后来才知道这是刘校长的功劳。1952年，国家对高等学校进行了院系调整。浙江大学部分学科和教师被调往其他高校和科研院所，主体部分被调整为浙大、杭大、浙农大、浙医大四所学校。刘丹由浙江省文教厅厅长任上调入浙大，担任浙大党委书记、第一副校长。刘校长认为浙大地处市中心，发展空间十分有限，原校舍破旧，条件艰苦。在积极争取上级部门同意后，带领专业人员不辞辛劳、跋山涉水踏勘新校址,最终在老和山下另选新址建设校园。他不仅亲自勘探,还组织相关人员夜以继日地做规划、制图纸,家中挂满了各个建筑的规划设计图纸,对于每幢建筑的造价、采光和朝向都亲自过问,反复琢磨。①正是由于刘校长的高瞻远瞩,一幢幢教学楼和学生宿舍拔地而起,一个风景优美、古朴典雅的大学校园矗立在西子湖畔、植物园边,他为浙大新校园建设做出了重要贡献。

党的十一届三中全会后,刘校长立即组团赴美国访问了15所知名大学,对世界一流大学的本科生教学、研究生培养、内部管理体制进行了深入考察,并加强了与旅美校友、外籍华人的联络,为浙江大学走向世界、扩大社会影响做出了积极探索。刘校长是中国高等教育史上一位具有重要地位的教育家,他提倡将基础理论、基本知识和基本技能结合在一起进行教学,要求教授和副教授在两年中至少有半年时间开设基础课,并将此作为教师考核的重要内容。新进校的教师都要有两年的基础课教学或实验室工作经历,并指定有丰富经验的教师对他们进行面对面的指导,有力地促进了教师水平的全面提升。

他非常重视实践教学,提出了"少而精、学到手、因材施教、劳逸结合"的14字教学原则。他积极推动思想政治教育与专业教学的有机结合,早在20世纪50年代就设立了马列主义教研室并亲自担任该教研室主任,60年代初又开办了马列主义夜校,引导教育师生掌握马列主义、毛泽东思想的基本原理,学会用正确的立场、观点和方法认识和改造客观世界和主观世界。②

刘校长始终站在时代前沿审视和把握浙江大学的发展方向,将高度责任心和使命感融入抢抓发展机遇的实践当中。

---

① 张曦. 张曦同志在刘丹同志100周年诞辰纪念会上的讲话[EB/OL]. [2009-01-17](2022-03-05). http://zhfw.zju.edu.cn/zhfw_xxwj/2009/0218/c4901a527772/page.htm.
② 路甬祥. 路甬祥在浙江大学名誉校长刘丹同志百年诞辰纪念会上的讲话[EB/OL]. [2009-01-17](2022-03-05). http://zhfw.zju.edu.cn/zhfw_xxwj/2009/0223/c4901a527776/page.htm.

## 爱才惜才　心系师生

在担任浙大主要领导的38年时间里,刘校长始终把党和人民的事业放在高于一切的位置,深受广大师生员工的敬重和爱戴。他鞠躬尽瘁,事必躬亲,经常带头深入基层,深入教学科研一线,研究解决教职员工工作、生活中存在的实际困难。每年夏天总要抽出时间深入工厂、工地看望在那里实习的师生。在解决教职员工科研经费匮乏、改善住房条件和工资待遇等方面办了大量实事,同许许多多普通的师生员工结下了深厚情谊。他非常尊重教师的意见,经常主动深入教室、实验室和宿舍听取教师对办学的建议和意见。在春节期间还亲自登门拜访老教授,并因此规定每年春节请全体教师参加茶话会。他非常重视引进人才,认为"引进一个人才就是引进一门学科",经常亲自过问这项工作,为引进人才解决各种困难。

他高度重视教师的培养工作,认真组织教师学习马列主义理论和国家的大政方针,并亲自给教师作形势政策报告。还特别关心青年教师的成长,积极为他们出国进修创造机会,待他们学成回国后,又积极为他们继续开展研究工作提供条件。

在古稀之年,他仍非常关心浙大职工子女的求学和就业问题,并积极创建劳动服务公司帮助部分教职工子女实现就业。他严于律己,宽厚待人,对家属子女和身边工作人员严格要求,始终保持艰苦奋斗精神和人民公仆本色。在晚年,他仍一如既往地关心支持浙大的建设和发展,直到病重弥留之际,仍对浙大念念不忘,充分反映出一名真正的共产党人的精神境界和献身于党的教育事业的殷切之心。

## 我的恩人

我会在伞上旋转各种球形、圆形或椭圆形物件,于是,我经常应邀在迎新晚会上表演。在一次为越南留学生表演滚火圈时,为增强节目的观赏效果,我将室内灯光关掉,可当室内灯光一暗,大量飞虫从窗户涌入扑向火圈,我满脸和双眼全是飞虫。为避免发生火情,我立即用湿巾缠手抓住火圈,结果右手灼伤起泡。我很愧疚地向大家致歉。刘校长仔细察看我的伤势后,在桌上的水果盘中挑了一只红苹果,在问了我的姓名后说:"小熊,你表演精彩,遇事勇敢沉着,奖你苹果一只!"并嘱咐我立即去医务室处理。他是校领导,是一位党的高级干部,但他是那样亲切和蔼、平易待人,我十分感动,捧着苹果向大家、向刘校长深深地鞠了一躬。在1958年毕业生欢送会上我送了刘校长一只金色苹果作为感谢。就是这样一只普通的苹果,开启了我对母校、对刘校长的师生深情,并永志此生。

还有一件印象最深的事发生在我进校的第二年,学校的助学金制度有调整,需要由当地政府证明经济状况,再根据家庭经济情况决定全部或部分享受助学金。当我接到政府的证明回执后,感到难以理解,上面写道:"该人有反动社会关系,不符合新民主主义教育方针,不能享受人民助学金。"那是指我有一个舅父在抗日战争时期当过伪保长。这可怎么办?当时我家经济状况是无力支付我生活费的。苦恼了很久,我想到了休学积攒伙食费的方法。于是我走进了刘校长办公室,刘校长一眼就认出了我,喊了一声:"小熊!"我听了感到非常温暖。我汇报了家庭情况,提出申请休学两年,恳请在学校打工,待挣到伙食费后恢复读书。这样既能解决困难,又能不离开我热爱的母校。刘校长略思片刻后对我说:"你的家乡是当年七战七捷的苏中主战场之一,敌我政权经常更迭,群众对伪保、甲长这类敌伪人员特别痛恨。这张证明表达人虽死、恨未消的情绪,大概就是这个原因。"他严肃地说,这种写法虽然不当,但要理解,任何时候都要坚定地相信党的政策不可动摇。接着,他温和地说:"申请休学也没有必要,你的主要任务就是学习,岂可轻言放弃!"他又拍拍我的肩膀,风趣地说:"好好读书吧!共产党管你的饭!"一周后伙食管理部门通知我可以享受全额助学金。后来,我才知道,在抗日战争和解放战争期间,刘校长曾在我的家乡担任苏北行署和苏皖边区军、政领导,对当年敌我斗争形势和群众民心向背了如指掌,对问题的分析判断十分准确,所以对那份证明的分析也是一语中的。

1957年春夏之际,浙大校园大鸣大放的大字报铺天盖地。清晰记得5月12日早晨,食堂门口右侧贴了一张大字报,将刘校长形象肆意丑化,全篇漫骂和污蔑。我见了十分气愤,当即抄录该文后,回宿舍立刻写了一张题为《反对人身攻击》的大字报,贴在食堂门口左侧。我在文中提出,谩骂不是战斗,颠倒是非、丑化和诽谤更非我辈学生所应为。我提出当天下午和对方辩论,希望对方能应战。那时,我曾天真地想说服对方改正错误,收回大字报并向刘校长赔礼道歉。结果,我高估了对方,此人没敢来,而是在我班信箱内偷偷地塞了一封匿名信,把我画成动物,身上写了一个"熊"字,此人把"能"字下面的四点写成"心"字,连我的姓也写错了,可见他心虚和慌张的程度。作为一名学生,我只想用最纯朴的师生之情,自觉地维护敬爱的刘校长的尊严。

## 恩公遗训　音犹在耳

1982年4月1日上午,浙大建校85周年庆祝大会在老和山下的大操场举行。刘校长等校领导以及苏步青教授等德高望重的浙大前辈在主席台中央就座。我因筹办上海校友会经常向苏教授请示汇报,与这位父辈恩师交往密切。80岁高龄的苏教授示意我向刘校长请安致意并介绍说:"熊家钰,好学生!"我向刘校长鞠躬敬礼后,刘校长对我凝视片刻,认出我就是在24年前,在1958年毕业生欢送会上向他敬奉一只金色苹果的学生。那年我已46岁,但是刘校长仍一如27年前那样喊了我一声:"小熊!"当我听到久已未闻的亲切称呼,当我看到当年意气风发、英姿逼人的刘校长,如今已满头银丝,盈眶热泪不禁夺目而出。更想不到的是这次与恩公会见竟成永诀,他要我好好向苏老学习、常回母校看看的遗言音犹在耳。1989年9月5日,刘校长溘然辞世,我在浦江南望母校,以清泪点点遥祭恩公。刘公大爱弥天,永垂千古!

作者简介

熊家钰,浙江大学机械系铸造工艺专业1958届本科生,上海市浙大校友会创始人之一,现为浙大校史研究会特聘研究员。

人物名片

王承绪（1912—2013），江苏江阴人，中共党员，新中国比较教育学创始人之一、教育家。1936年毕业于浙江大学并留校任教，1938年考取中英庚款奖学金赴英留学，1947年受竺可桢校长邀请回到浙江大学任教。1980—1992年任联合国教科文组织亚太地区教育合作咨询委员会委员。2003年荣获联合国教科文组织"亚太地区教育革新终身成就奖"。2010年获中国高等教育学会"高等教育科学研究特殊贡献奖"。

# 我们心中永远的大先生

# 王承绪

王承绪先生离开我们已快十年了，但是他的言传身教一直深深地印在我们心里，一如他在世时一样。先生一生始终胸怀祖国、不懈追求，他淡泊名利、生活简朴、与世无争，从他身上散发出的那种博学、谦逊、淡然、纯粹、忘我和包容的品性，对学生具有很强的教育性，是留给后辈学人的一笔宝贵财富。

## 教育报国的践行者

20世纪30年代"教育救国论"在中国颇为盛行，王承绪先生深受影响，加之他此前在师范学校所受的教育，都促使他形成学习借鉴国外优秀经验发展本国教育事业的观念。在浙江大学学习期间，王承绪先生在一年级的时候就撰写了《意大利的新教育》并发表在1933年第9号的《江苏教育》上。此后，他陆续在《教育杂志》《中华教育界》等杂志上发表多篇介绍苏俄、波兰、墨西哥、土耳其等国教育状况的文章。

1938年王承绪先生考取中英庚款奖学金赴英留学后，为打破当时日本侵略者对中国日益加剧的文化封锁，先生与中国留英同学商议筹办《东方副刊》并担任编辑委员会总干事，将最新出版的有重要学术价值的出版物介绍到国内。在创办《东方副刊》的过程中，从稿件的征集审阅到杂志的宣传推广，从召集编委会议到日常联络，王承绪怀着满腔教育报国之志，事无巨细地承担了繁重的工作，付出了大量辛劳。他不仅是编辑者，还是非常活跃的撰稿者。从1944年11月到1947年1月，整整20期杂志中，王承绪先生总共发表27篇文章，其中有关国际和时政问题的文章9篇，有关外国教育制度和思想的文章15篇，有关国际教育合作的文章2篇，有关外国社会科学发展的文章1篇。

在1941年完成学业后，王承绪希望能够立刻回到祖国，虽然第二次世界大战的硝烟阻断了所有归途，但他一直执着地等待着时局的转机。1946年底，竺可桢校长到英国访问时，邀请王承绪夫妇到浙江大学工作。面对竺校长的邀请，王承绪颇为感动和欣喜，并决定一有船就立刻回国。1947年1月，王承绪先生登上了战后第一艘开往中国的货船，辗转3个多月后回到了祖国。当时国民党政府统治下的杭州物价飞涨、政局动荡，浙江大学的办学条件也非常简陋，但王承绪先生丝毫没有后悔回国。他回到浙江大学立刻就去上课，为解决图书和资料短缺的情况，他以带回的一些英国和苏联的书籍为教材，开设了"比较教育""外国教育论著选"以及"群众教育"等课程。在"大跃进""反右倾运动""文化大革命"等政治风潮中，无论是下乡劳动还是红卫兵批判都没有动摇王承绪先生对教育事业的执着，他反而利用这段时间坐下来读书，并完成了《西方资产阶级教育论著选》《杜威教育论著选》等大量名著的翻译工作。

改革开放后，年届六旬的王承绪先生也迎来了他学术事业新的春天。他最迫切的心愿就是希望利用有限的时间做更多的事情，恨不得有三头六臂，把过去失去的时光夺回来。他召集和组织学界同仁在杭州召开全国比较教育学科建设讨论会，主持编写了我国第一部比较教育学教科书，承担了全国教育科学"六五"至"十五"规划的一系列重要课题。2003年，王承绪先生获得联合国教科文组织（UNESCO）"亚太地区教育革新终身成就奖"。面对崇高的荣誉，先生一直都淡然视之，他始终认为所取得的这些成绩和荣誉都属于和他一起工作的集体，属于伟大的祖国。他始终将国家和人民放在第一位。

## 学术研究的领路人

王承绪先生非常重视学生对历史知识和别国经验的学习，把这看作是比较教育专业研究生训练的重要环节。他认为，一手伸向历史，一手伸向国际，一个人的知识才能全面，就像一棵树，树大根才会深。有了历史和国际的坐标，不管教育问题以何种新名词出现，都能很快将其定位，也就不会在层出不穷的新名词和新概念中迷失方向。

我们读研究生的时候，在英文原著方面的阅读量非常大，要把许多内容翻译成中文，还要做读书笔记，长长的书单，都是王先生精心考虑和选择过的。当时我们这些学生不知道，也没有想这些将来到底有什么用，但是大家都特别投入。现在回想起来，正是那段时间的高强度训练，为我们贮存了大量日后能不断释放知识的营养，支持着自己的教学、科研和其他社会服务工作。在当下高校的学术训练略显"快餐化"的时代，先生重视学生对历史知识和国际经验的掌握，尤其具有重要的现实意义。

国别研究是比较教育的基础。一个比较教育研究者必须要有自己深厚的国别研究基础，否则，多国比较研究就无从谈起。王承绪先生是我国英国教育研究的开拓者和倡导者，这自然与他早年留英的经历有很大的关系。改革开放以后，我国比较教育研究迎来了生机和希望，大家兴奋之余，就像王先生所说的，不用扬鞭自奋蹄，师生精神面貌非常好。在先生的悉心指导下，20世纪八九十年代先生带的硕士和博士研究生都对英国教育用力很深。先生指导我们通读英国社会发展史，翻译英国自1870年以来的教育法律法规，阅读《泰晤士报》教育副刊和高教副刊，了解和追踪英国教育的最新发展情况。我们用最大的努力"打进去"，以便今后能"打出来"，使英国教育研究能最大程度地服务于我国的教育改革与发展。

2009年10月27日，时任中国高等教育学会会长周远清（右三）看望王承绪先生（左四）

英国教育传统和美国、欧洲大陆和苏联的教育传统一样，是一种源头性和上游性的教育传统，对世界上许多教育后发国家特别是其他英联邦国家影响很大。了解英国的教育传统，就可以兼及许多其他国家，包括澳大利亚、新西兰、印度、马来西亚、南非等国家的教育传统与变革，相关研究的深度和广度就会得到很大的扩展。

## 国际交流的先行者

王承绪先生是改革开放后我国比较教育学科对外交流的主要开创者和实践者。由于先生广泛的国际联系和影响，杭州大学教育系在20世纪80年代中期至90年代中期成为国内比较教育学科对外交流的一个中心。在这期间，国际上比较教育领域的一流学者几乎都曾应邀来到美丽的西子湖畔访问讲学，其中包括：美国著名学者库姆斯（Coombs）教授、克拉克（Clark）教授、卡扎米亚斯（Kazamias）教授以及阿诺夫（Arnove）教授；英国伦敦大学教育学院的劳顿（Lawton）教授和黎安琪（Angela)教授,萨塞克斯大学的柳基斯(Lewin)教授、比彻(Becher)教授和艾劳特(Eraut)教授以及莱斯特大学的怀特赛德(Whiteside)教授;法国巴黎第八大学的德·博韦(De Beauwe)教授;日本的小林哲也(Tetsuya Kobayashi)教授等。那个时期来杭州大学教育系访问讲学的外国比较教育专家的层次之高、交流之频繁,可谓是盛况空前!

我1982年来系学习,直至1994年博士研究生毕业,真是赶上了好时光。在这一时期,我去车站和机场接过外国专家、参加他们的各种讲座、给他们的讲座当翻译、陪同他们参观学校、去外地访问,这种机会是现在的学生很难碰到的。记得那时每逢外国专家讲座,王先生都会要求我们备好录音机全程录音,事后再由我们根据磁带录音把讲座内容整理成文字材料,供大家进一步学习。听录音整理讲座材料,是王先生推荐给我们的有效提升专业英语能力的方法。后来我自己带研究生了,也一直向学生推荐这种方法,这是王先生给我们留下的一个传家宝。

除了把外国专家"请进来"之外,王先生也努力创造机会让学生"走出去"。他认为学习比较教育,一定要去研究对象国,亲身体验该国的教育及其背后的社会经济文化背景。20世纪80年代中期至90年代中期,借助先生广泛的国际关系,本专业的年轻教师和博士生都有机会到英国或美国进修和深造,我也是受惠者之一。当时比较教育专业的博士生可以排着队去英国进修,很受其他学科同学的羡慕,使得比较教育成为当时杭州大学最"吃香"的专业之一,虽然每年招生人数不多,但是报考者甚众。

王承绪先生也是与国际组织合作的重要推动者。先生与联合国教科文组织有很深的渊源,二战之后,他曾作为中国代表团秘书参加了联合国教科文组织的成立大会,并参加了该组织成立初期开展的许多活动。改革开放以后,先生更是积极投身到联合国教科文组织在亚太地区的各项活动中,多次代表我国出席联合国教科文组织举办的亚太地区各类国际教育会议,并长期担任联合国教科文组织亚太地区教育合作咨询委员会委员。王先生视联合国教科文组织为除浙江大学和伦敦大学外他这一生所上的"第三所大学",对之感情很深。

在王承绪先生的推动下,杭州大学教育系在20世纪80年代初成为联合国教科

2005年，时任联合国教科文组织执行局主席章胜新（前排右二）看望王承绪（前排左二）

文组织"亚太地区教育革新为发展服务计划"（APEID）在中国设立的最早的联系中心之一。通过参与联合国教科文组织的各类地区性活动，王先生源源不断地给大家带回国际教育发展的最新动向与信息，这在那个信息通信技术并不发达、主要依赖纸质文献的时代，弥足珍贵！可以说，杭州大学教育系是改革开放之后最先与联合国教科文组织开展交流与合作的国内少数高校教育系科之一。目前，浙江大学教育学院比较教育学科点一共拥有四个与联合国教科文组织相关的国际平台，包括联合国教科文组织浙江大学 APEID 联系中心、全球大学创新联盟亚太中心秘书处（GUNI-AP）、联合国教科文组织创业教育教席及亚太创业教育联盟中国中心（EE-Net National Chapter for China），与联合国教科文组织的合作非常频繁，合作的广度与深度也在不断增加，所有这些，都离不开先生当年打下的基础。

2012年，我决定竞聘联合国教科文组织亚太地区教育局 APEID 总协调员兼高等教育高级项目专家（APEID Coordinator and Senior Programme Specialist in Higher Education）职位。在竞聘期间，王先生一直给予我很大的支持、关心与鼓励，并亲自给我写推荐信。竞聘成功后，我第一时间去浙江医院向先生报告这一消息，他紧紧地握住我的手,笑容满面地连声说:"太好了,太好了!"而我深知,如果没有先生长期精心的培养,这也不会成为现实。

作者简介

汪利兵,浙江大学比较教育专业1994届博士研究生,现为浙江大学教育学院教授、博士生导师,联合国教科文组织亚太地区教育局教育创新与技能发展部主任。

阚阅,浙江大学比较教育专业2008届博士研究生,现为浙江大学教育学院常务副院长、教授、博士生导师。(负责图片及校对)

人物名片

朱祖祥(1916—1996),浙江宁波人,中共党员,土壤学家和农业教育家。1938年毕业于浙江大学农学院,获学士学位;1946年、1948年先后获美国密歇根州立大学硕士、博士学位。原浙江农业大学教授、名誉校长。早期研究影响土壤中交换态阳离子有效性的各种因子,提出饱和度效应、陪补离子效应和晶格结构效应等概念。通过土壤中磷的转化研究,从正反两方面论证了养分位的实际涵义。对土壤和水稻营养障碍化学诊断的理论、方法及标准等问题做了系统的研究。两度编写和主编土壤学教材,被广泛采用。1980年当选为中国科学院学部委员(院士)。

# 毕生精力系土壤，
满腔热血报国恩

# 朱祖祥

　　2021年，我考入了浙江大学环境与资源学院(环资学院)资源与环境专业，成为环资学院的一名博士研究生。当我第一次踏入学院大厅时，我的目光便定格在了大厅中央的一尊雕像上，雕像中的那个人目光笃定而坚毅，面容和蔼而慈祥。他静静地注视着环资学院一批又一批新鲜血液的到来，仿佛穿越时空向我们诉说着浙大环资人探索之艰辛、成果之不易。雕像正是朱祖祥院士，一个让所有环资人都无比尊敬和怀念的大先生。

## 大先生在于大担当

　　朱先生1916年出生于浙江宁波，自幼勤奋努力，成绩常居前列。彼时的中国山河潦倒，百废待兴，"实业救国"的思想深深影响着每一位有识之士。中国作为一个农业大国，农业的发展与国家前途命运息息相关，因此朱先生1934年从宁波私立效

实中学毕业后就进入浙大农学院,并以
录取新生榜首的成绩获得全额奖学金。
抗日战争全面爆发后,浙大开始西迁,
奖学金也因此中断,在这样的艰难困苦
中,朱先生利用课余时间勤工俭学继续
完成学业,于1938年获得农学学士学
位,并留校任助教。

西迁途中的浙大可谓是筚路蓝缕、
坎坷多艰,全校师生从杭州出发,历时两
年多,才到达贵州遵义、湄潭、永兴。在辗
转过程中,朱先生肩负着押运整个农学
院仪器、药品的重任。当队伍安全到达贵
州遵义后,朱先生马不停蹄又承担起系

1938年,毕业留校任助教的朱祖祥

里除农机制造外的全部实验课。即使在设备短缺、用房紧张、人手不足、时间紧迫这样
极其艰苦的条件下,朱先生也从无怨言,牺牲个人休息时间为学生安排实验,保证课
程的顺利进行。

1944年冬,朱先生以优异成绩通过中华农学会选拔,获得赴美国密歇根州立大
学深造的奖学金。出国前夕,中华农学会副总干事原颂周老先生设宴送别并赠诗一
首:"……尚有片言君记取,农民渴望起沉疴",字里行间流露着国家以及家乡父老
期望学子学成归来、报效祖国的心愿,而这种期望也深深牢记在朱先生的心中。[1]
1947年竺可桢校长在美国访问期间向朱先生表达了希望其学成归国、建设浙大的
期望,这让朱先生回国的心更加迫切。他仅用了三年就完成了两篇学位论文,以优
异成绩获得了硕士和博士学位。学成后,朱先生回到母校浙江大学,肩负起了为国
家民族培养人才、发展土壤科学的重任。

---

① 朱荫湄.西迁岁月 一路走来[N].浙江大学报,2016-12-06(4).

1947年6月，竺可桢校长（右二）赴美国考察期间在密歇根州立大学与浙大在美留学生朱祖祥（中）等合影留念

新中国成立后，朱先生担任浙大农学院农业化学系主任。为了建设好农化系，充实专业和加强基础，他邀请了土壤地理方面的专家来系兼授土壤地理，还邀请国内著名物理化学家来系为学生讲解物理化学基础课。1952年，浙大农化系因院系调整而被撤销，农学院也从浙江大学独立出来，成立了浙江农学院。但朱先生一直坚持在自己熟悉的岗位上，并坚信浙江农学院终将恢复土壤农业化学系，为此他谢绝了来自南京农学院和其他单位的聘请。这一等就是三年，直到1955年浙江省委决定重建浙江农学院土壤农业化学系，并委托朱先生负责筹建。多年的盼望终于实现，尽管一切又需要从头开始，可是朱先生的热情不减当年。为了继续实现"充实专业内容、加强基础知识"的目标，除了设立土壤及农业相关教研组外，他还吸纳了来自化学组、植物生理教研组的多位老师充实办系力量。因此复系后招收的第一届90名学生的课程学习有了坚实保障，专业理论水平和实践经验逐步提升。一朝沐杏雨，一生念师恩！如今经由朱先生培养的学生，很多已成为科技方面的骨干或担任重要的行政职务。当他们回忆起先生的时候，更多的是感念先生的教诲和他无私奉献的品格。

除了努力建设好农业化学系，朱先生逐渐意识到农业领域对于保护环境的重要性，因此他高瞻远瞩地支持并领导筹建了全国农业院校中首个环境保护专业，于1978年开始招生。1983年环境保护专业独立成环境保护系。自建系以来，环境保护系蓬勃发展，于1983年和1990年分别获得硕士和博士学位授予权，2000年获批环境科学与工程一级学科博士点。此外，朱先生在创建和发展中国水稻研究所方面也有杰出贡献，这对于推动我国水稻科学研究具有重要意义。

朱先生一直认为，浙大农学院在1952年全国院系调整前教学质量较高、学生基础扎实、校友享誉国内外，原因在于农学院的基础课都是由校内理工学院的老师授课，并且各院系之间的教学资源能够得到充分利用。[①]因此，朱先生在生前多次设想浙江农业大学、浙江医科大学、杭州大学能够回归浙江大学。虽然很遗憾朱先生未能看到新浙江大学的成立以及今日的蓬勃发展，但他为创建新浙江大学所付出的一切，将永远留在浙大人的心中。

## 大先生在于大智慧

在教育界有这样一句话，"给学生一碗水，教师要有一桶水"。作为我国土壤化学的奠基者，朱先生一生都致力于土壤方面的研究工作，并取得了丰硕的成果。在浙大西迁途中，尽管实验条件极其艰苦，朱先生仍秉持浙大"求是"学风和"勤朴"校风，学有所成，研有硕果，相继在《土壤季刊》《广西农业》《科学农业》等期刊上发表研究报告。1945—1948年在美留学之际，朱先生发现密歇根沿湖区桃树生长优势与土壤中钾离子含量水平有着复杂的关系，便以此为课题潜心探索土壤吸附性离子与土壤养分有效度的关系及其影响因素。同时以此为起点，在近半个世纪的科研活动中不断形成了自己的研究风格，土壤化学理论素养也不断提高。在对土壤化学和物理化学的研究过程中，他系统证实了土壤胶体上离子饱和度以及胶体上与植物营养离子共存的其他吸附离子状况同土壤养分有效度密切相关。这就是土壤中离

---

① 胡景庚.朱祖祥院士(1916—1996)传略[M]// 求真·求善·求美——纪念朱祖祥院士诞辰90周年.北京:科学出版社,2006.

1983年，朱祖祥院士在浙江农业大学校长办公室工作

子"饱和度效应"和"陪补离子效应"。这两种概念被国外多本教科书引用，对土壤化学的发展起到了深远的影响。

回国之后，朱先生指导研究生从事土壤磷化学、土壤有效养分及土壤水分能量概念的研究，都取得了新的成果。此外，朱先生在年轻时就潜心研究土壤化学快速检测方法，从粉剂速测法到改进的 Truog 法，不断提高指示剂的使用性能。在此基础上，1976年，他领衔编写的《土壤和作物营养诊断速测方法》一书，曾畅销全国，他所研制的"土壤、作物营养速测诊断箱"、土壤营养诊断比色卡被广泛推广使用，为我国农业发展做出了重大贡献。

## 大先生在于大奉献

1990年，朱先生在浙江农业大学80周年校庆时题词："为人师表求真求善求美贵在奉献，教书育人是德是智是体严于律己。"短短28个字，不仅是朱先生对年轻师生的勉励，更是他做人的座右铭。当他在美国密歇根州立大学获得博士学位时，尽管有很多在美国的同事和朋友挽留，且朱先生的夫人当时也怀有身孕，但他还是心系祖国和祖国的土壤科学事业，毅然选择回国。虽然国内的条件和实验环境都很落后，但他依然克服重重困难，尽可能满足学生的科研需求。师资力量不够，他就邀请别的专业或学校的老师来系上课；没有好的专业课教材，他就亲自负责编撰讲义、翻译教材，即使当时自己脑膜炎刚刚痊愈，依然坚持夜以继日地完成修订。20世纪50年代初，朱先生患有严重的胃溃疡，但他还是忍着剧痛坚持在工作岗位上。他把事业看得比自己的身体还重要。"文革"期间，尽管受到不公正的待遇，朱先生也无怨无悔，先生的初心从没改变过。当时中国科学院南京土壤所曹志洪先生对朱先生说："朱老师，要是当初你们不回来，就不会受这个苦了。"朱先生坚定地说："不，不，我们回国绝不后悔，报效祖国是我人生的目标。"凭着这颗拳拳赤子之心，凭着对这份事业的热爱，即便在那个时期正常的教学工作受到破坏，朱先生依然不忘继续学习。60岁的他已经掌握了英文、德文、俄文，还在抓紧学习日语，就是为了进一步获取国际上最新的知识，为土壤学科的发展贡献自己的力量。

1987年，朱祖祥教授给留学生、研究生授课

朱先生对待科学一向严谨细致、一丝不苟,对学生也很严格,要求熟练掌握科学实验基本技能,解答科学问题务必准确。他对学生的缺点也是及时指出,毫不含糊。朱先生指导过的学生无不表达对他的感激之情,无不与之结下了深厚的情谊。

朱先生把他的一生都奉献给了祖国,奉献给了浙江大学,奉献给了他热爱的土壤科学事业,纵使饮冰十年,亦难凉其热血。正如土壤化学专业56级同学给朱先生的献词那样:"朱祖祥教授学识渊博,才思敏捷,严谨治学,勇于创新。对待学生既满腔热忱,循循善诱,又严格要求,更是真诚关怀和爱护,始终激励着他的每一名学生,桃李满天下。"①

作者简介

王健,浙江大学环境与资源学院资源与环境专业2021级博士生。

朱荫湄,朱祖祥女儿,现为浙江大学关工委宣讲团成员。(口述及提供图片)

---

① 吴玉卫.深切怀念朱祖祥老师[M]//求真·求善·求美——纪念朱祖祥院士诞辰90周年.北京:科学出版社,2006.

## 人物名片

程开甲(1918—2018),江苏吴江人,中共党员。1941年毕业于浙江大学物理系,1948年获英国爱丁堡大学哲学博士学位。中国核武器研究的开创者之一。曾任浙江大学、南京大学教授,第二机械工业部核武器研究所副所长,国防科工委核试验基地研究所副所长、所长及基地副司令员,国防科工委(原总装备部)科技委常委、顾问。出版了我国第一本固体物理学专著,提出了普遍的热力学内耗理论,导出了狄拉克方程,提出并发展了超导电双带理论和凝聚态TFDC电子理论。1985年获国家科技进步奖特等奖,1999年被国家授予"两弹一星"功勋奖章。1980年当选为中国科学院学部委员(院士)。

# "一片赤诚，一生奉献"的"核司令"

# 程开甲

　　"空投、平洞、竖井，朔风、野地、黄沙，戈壁寒暑成大器，于无声处起惊雷！一片赤诚，一生奉献，一切都和祖国紧紧相联。黄沙百战穿金甲，甲光向日金鳞开！"——这是2019年央视《感动中国》栏目授予程开甲先生"感动中国·2018年度人物"时的颁奖词。在播放完程老的事迹短片后，现场一个被捕捉到的镜头中，一个年轻的女孩早已是泪流满面。

　　我这辈子最大的幸福，就是自己所做的一切，都和祖国紧紧地联系在一起！

——程开甲

　　程先生成长在中华民族积贫积弱的苦难年代，1937年考入浙江大学物理系后，便在战火纷飞中跟随学校辗转西迁，在恩师束星北、王淦昌等的指导下，孜孜以求学。1945年8月，美国在日本广岛、长崎投掷原子弹的消息传到湄潭，几天后日本投降。程先生回忆,那时大家还不知道原子弹是怎么回事,不久,王淦昌先生就给全校师生作了原子弹及其原理的报告,引起师生极大兴趣,"那时谁也不会想到,十几年后,我和王先生都参加了中国原子弹的研制和试验"。[①]毕业后,他便留校任教。此时,在他的心中早已埋下科学报国之志。

1946年,在李约瑟博士推荐下,程开甲远赴爱丁堡大学攻读博士学位。他回忆到,当时的中国人在国外没有地位。1949年4月的一个晚上,正在苏格兰出差的程开甲,在电影新闻片上看到了播放的"紫石英号"事件,中国人敢于向英国军舰开炮,终于第一次有"出了口气"的感觉。1950年,程开甲婉拒导师玻恩的挽留,放弃英国的优厚待遇和研究条件,回到了一穷二白的中国。行李中除了给夫人买的一件皮大衣和一堆珍贵的资料外,别无他物。同年8月,程开甲踏上了祖国的土地直奔母校浙江大学,成为物理系的教授。之后,他又任教于南京大学物理系。1959年,他出版了中国第一部物理学专著《固体物理学》。1960年3月,在南京大学物理系任教的程开甲由钱三强"点将",被任命为核试验研究所技术副所长,和朱光亚、郭永怀等科学家一起,开始了秘密研制原子弹的艰苦历程。

"为了国家的利益,民族的利益,让我做什么都行。"程开甲一次次根据国家的需要,改变专业方向,投身报国之路。1960年,他加入中国核武器研究队伍,从此销声匿迹,隐姓埋名20多年,在核武器研究所,在"死亡之地"罗布泊,在核试验基地马兰,为核武器研究和试验倾注了全部才智和心血。

1962年,核试验正式提上日程,钱三强等领导决定"兵分两路":原班人马继续原子弹研制;另外组织队伍,进行核试验准备。程开甲听从国家安排,放弃了自己最熟悉的理论研究,毫不犹豫地转入全新的领域:核试验!

在短短两年里,程开甲召开了近200次任务会,制定了原子弹爆炸试验的总体方案,研制了原子弹爆炸测试所需的1700多台仪器和设备。程开甲提出的"百米高塔爆炸方式"为中国第一颗原子弹爆炸成功立下了汗马功劳。他说:"人生的价值在于贡献,为人民贡献,为国家贡献,这才是价值。"

① 程开甲.创新·拼搏·奉献——程开甲口述自传[M].熊杏林,程漱玉,王莹莹整理.长沙:湖南教育出版社,2016.

1946年，程开甲（前排左四）赴英留学时在香港启德机场合影

程开甲（后排左一）与导师玻恩教授（前排右一）等人合影

# 一切都必须按照科学的原则办

早在少年时代,程开甲就在数理和英语方面有着过人的天赋。大学期间,程开甲一边承担物理系助教工作,一边参加物理讨论班,受王淦昌等人的指导,完成了多项堪称顶级的学术研究。他回忆说:"物理讨论班,开阔了我们的眼界,培养了我们实事求是的学风,不但督促我们密切关注科学领域的新事物,也督促我们养成严谨治学的科学态度,不浮躁、不侥幸。"①

作为核武器试验的技术总负责人,程开甲领导建立了核武器试验研究所并担任副所长兼理论室主任。他不仅仅将核试验当作一次次任务去完成,而且是以一个科学家的视角,从整个学科发展角度来思考和研究解决其中的理论和实践问题。该研究所在我国数次核试验过程中仅根据需要在架构上对其下辖的个别研究室做过微调,可见建立之初布局的前瞻性、科学性。作为一名科学家,他不唯上、不唯书,只唯实,为了试验的安全性和准确性,曾质疑过苏联权威专家的意见,并证明了自己判断的科学性,确保核试验万无一失。

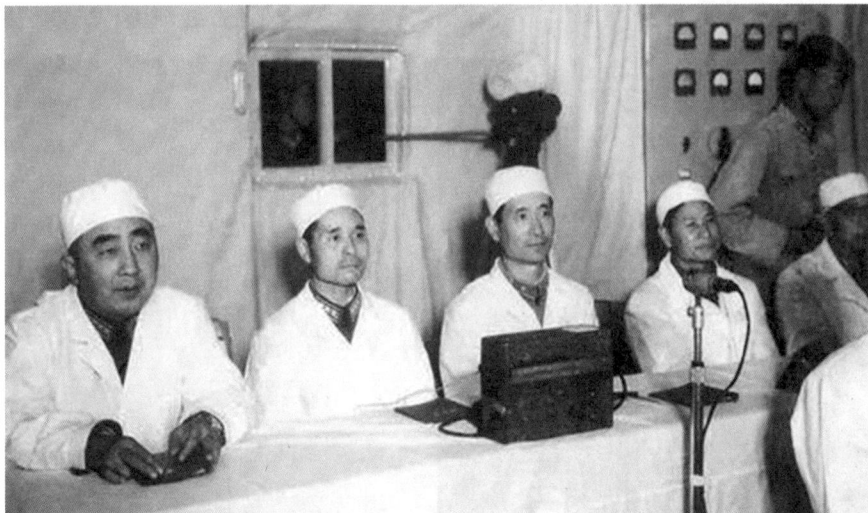

第一颗原子弹爆炸时程开甲(左二)在主控站

---

① 程开甲.创新·拼搏·奉献——程开甲口述自传[M].熊杏林,程漱玉,王莹莹整理.长沙:湖南教育出版社,2016.

作为战略科学家，他极其注重团队和骨干的培养，在他的领导下，研究所先后走出了10余位院士和将军。他注重培养他们的思想素质，培养他们献身祖国的精神，同时训练他们的业务素质，保持对科学问题的钻研精神，同时还鼓励大家发扬协作精神。他身体力行、躬身示范，为了能掌握第一手资料，他坚持到实验的第一线，到地下核爆后的现场去收集数据，指导工作。有一次，工作人员劝他不要进去，他回应说："只有我到实地看了，心里才踏实。"还有一次，他执意要到爆心处检查，警卫员问他："首长，您就真的不担心身体吗？"他坦率地回答："担心，但我更担心试验事业，那也是我的生命。你说我能不去吗？"

## 淡泊名利是为真

从1962年筹建核武器试验研究所到1984年离开核试验基地，程开甲先后主持了30多次各种类型的核武器试验，是藏身罗布泊22年的中国"核司令"。

2017年，程开甲院士获授"八一勋章"

在《感动中国》节目中，主持人说，他既默默无闻，又鼎鼎大名，他的名字，他所做的事，都曾经被列为国家机密，走过漫漫岁月之后，他的名字，才被世人所知。他的祖父曾把读书做官的希望寄托在孙子身上，在其出生前，就预先起了"开甲"之名。后来，这个叫程开甲的人，不仅是"两弹一星"功勋奖章、2013年国家最高科学技术奖、"八一勋章"、改革先锋奖章的获得者，更是我国著名的理论物理学家，核武器事业的开拓者之一，中国核试验科学技术体系的创建者之一。可程先生总是说，荣誉是大家的，我只是这个团队中的一员。

他先后担任过二机部九所副所长，基地研究所副所长、副司令员，国防科工委科技委常任委员等领导职务，但脑子里从来没有装过权力二字，有的只是权威，是能者为师的那种权威。他在学术上要求极其严格，但始终坚持学术民主的作风。一次，他在讨论过程中否定了团队成员的一个意见，第二天，他又把那位同事找过来，实事求是地说："昨晚我又算了一遍，你的数据是对的！"

基地的生活条件极其艰苦。他的警卫员回忆说，程先生除了风尘仆仆地出差，吃住都在厂区的帐篷里，跟普通的科研人员、战士们一样，但他经常忙得忘了吃饭，喝的孔雀河的水也是咸的，连洗脚水也不浪费，沉淀后还有别的用处。当时还没有计算器，他最喜爱也最不舍的，就是一把计算尺和一块小黑板，这两样东西，陪伴了他一辈子。

程先生在演算

作者简介

邹安川，现为浙江大学物理学院党委副书记。

人物名片

王启东(1921—2019)，浙江黄岩人，我国著名材料科学家、教育家。1943年毕业于浙江大学机械系并担任助教。1947—1951年，先后在美国斯坦福大学机械系、艾奥瓦大学机械系学习，获硕士、博士学位。1951年任教于浙江大学机械系、冶金系。1978年领衔创立了我国第一个材料科学与工程学系并担任首任系主任，是我国固态储氢材料研究的开创者，获国家技术发明奖1项，省部级科技进步奖8项。

# 学为人师，
# 行为世范

# 王启东

《礼记·曲礼》有言，"从于先生，不越路而与人言。遭先生于道，趋而进，正立拱手"。虽然我没有得到王先生的亲自指导，但他矢志不渝的爱国情怀、实事求是的科学精神、奉献终身的人生品格一直感动并激励着我，也使我对他的崇敬从景仰直至以其身为鉴。王先生永远是我辈为学、为事、为人的楷模。

## 初　识

"达者为先，师者之意"，在古汉语中，先生是老师的意思。在现代社会，虽然先生一词用法已经泛化，但是当我们称一位老师为先生时，言语中透露出来的依然是尊崇之意。我就是怀着这样的崇敬之心，在2015年的深秋第一次见到了王启东先生。在求是村的小楼里，白发苍苍的王先生将我们采访小队的一行人迎进了屋。家中陈设简朴，书柜却格外醒目。

王先生的父亲王琎是我国第一批庚子赔款留美的学子，是我国分析化学学科与化学史学科的创始人；叔父王曰玮毕生从事教育，是我国生物学界老一辈科学家、教育家。王先生家族中的长辈以知识分子居多，他们身处满目疮痍的旧中国，在艰难困苦中也没有放弃对科学的追求，以奉献自我的精神为祖国培养科技人才。他们的言行对王先生产生了很大影响，在王先生出国前，父亲就叮嘱他学成后要尽早回国，国家急需科学技术人才，要有兴国大志。1951年，在美国获得机械工程博士学位的王启东毅然放弃艾奥瓦大学和美国钢铁公司的高薪聘请，甚至等不及参加自己的毕业典礼就冲破禁令封锁，回到了祖国的怀抱。

两个小时的访谈，王先生神采奕奕地向我们讲述他自己的一生，丝毫不显疲惫，让人难以相信这是一位已经年过九旬的老者。我埋头速记，听着王先生口述他参与西迁时的经历、留美生涯、创立材料系的岁月、开展储氢材料研究的点滴，这些话语如同校史馆陈列的展品一般，充满历史气息，神圣，却又格外亲切。

2015年，王启东先生为浙江大学求是风采采写组题词

# 深 知

2018年,我开始了自己的研究生生涯。我的导师潘洪革教授正是王先生的学生。潘老师时常会满怀深情地回忆起与王先生相处的日子,向我们讲述王先生的学术成就和对学生的指导与帮助。而当我真正参与储能课题研究时,我才深刻认识到王启东先生所做工作的开创性意义。

1978年,在钱三强校长的支持下,王先生决定将氢能作为功能材料研究的突破口。他带领团队开展固态储氢材料的研究,成功填补了我国在该领域研究的空白。王先生率先将机械球磨合金化方法引入储氢材料领域,研发的富镧混合稀土材料因其低成本、高性能受到世界同行的广泛赞誉。团队在此基础上开展了多项氢能利用试验,对推动中国的氢能技术应用起到了显著促进作用,先后获得1项国家技术发明奖和6项省部级科技进步奖。[①]王先生还发起了中国国际氢能研讨会,建立氢能研究协会,并以大会主席的身份主办1998年国际金属—氢系统学术讨论会。

王先生开创了固态储氢材料的浙大学派,当时王先生的学生出国参加相关学术会议,在表明自己是中国人的身份前提下,外国同行首先问"你是不是浙大的","是不是王启东课题组的"。王先生的学术影响力在国际上可见一斑。

王先生学术成就斐然,但他始终将学生的成长成才放在第一位,从不把学生当作自己的学术财产,总是在学生人生抉择的关键时刻真心实意伸出援手。王先生的一位博士生入学一年后有一个机会去国外水平更高的平台留学,本以为王先生不会同意,但他不仅同意了,还帮那位学生写了推荐信。有人打趣地说,王先生的高足都去国外了,身边的助手就少了。但王先生说,他们有机会出去,能开阔眼界,将会更好地为世界、为国家、为科学做贡献。

---

① 浙江省委统战部.王启东:与改革开放同行的百岁科学家[J].情系中华,2018(8).

1978年，王启东先生（右一）与同事讨论实验结果

1998年，王启东先生作为大会主席主持召开国际金属—氢系统学术讨论会

# 感 佩

熟悉王先生的人都知道,先生的职业生涯有过多次转行。隔行如隔山,转行就意味着放弃自己原来的基础与研究进展,从零开始,因此许多人并不愿意。但对王先生而言,国家需要什么,他就做什么。

1952年院系调整开始后,为了培养国家建设急需的机械加工人才,年仅31岁的王先生被学校委以筹建铸工专业的重任,这意味着他要放弃自己的热工专业,转而开始这门新学科的教学与科研工作。在个人学术发展与国家建设需要的抉择中,王先生选择了后者,他说:"我回国就是为了参加祖国的建设,现在既然给我机会了,我就应当好好干。"[1]王先生带领铸工专业的老师翻译苏联教材,编写讲义,设计实验。七年时间,他先后创办了铸造、锻造、焊接、矿冶等专业,培养了上千名高级技术人才,为我国机械制造业和冶金产业的发展贡献了坚实的浙大力量!

改革开放后,王先生站在国家产业发展与学校学科布局的高度,认识到新兴工业产业的发展亟须各种新型材料,我国必须发展这个极具前景的专业。他再次转行,在浙江大学创建了我国第一个材料科学与工程学系,为其他高校材料科学与工程学科的建设发展提供了宝贵的经验!

不论是担任浙江大学副校长,还是后来在全国人大、省人大、民盟和科协担任要职,王先生始终心系学校发展。在担任第八届全国人大常委会委员期间,王先生关于四校合并的建议得到了时任副总理李岚清的采纳,有力推动了原本同根同源的四校重新合并为新浙江大学,以便更好地培养社会需要的综合性人才。[2]

---

[1] 王启东.回首关山思万千——中国材料科学与工程学科的开拓者王启东教授回忆录[M].杭州:浙江大学出版社,2011.
[2] 周国辉.忆王老先生[J/OL].浙江人大,2019(9). https:// www.fx361.com/page/2019/1030/0932400.shtml

1956年,王启东先生(前排左七)与浙江大学机械系铸造专业第一届毕业生合影

1982年,王启东先生(三排左七)与浙江大学材料系铸造专业第一届毕业生合影

1998年9月，王启东先生在新浙江大学成立大会上发言

2001年，浙江大学庆祝王启东先生（前排左四）八十华诞暨从教五十八周年合影

身兼多职的王先生尽管公务繁忙,但他念兹在兹的始终是为国家培养人才。他坚持教授全英文课程储氢热力学和动力学直至80岁高龄。即便是退休归家,他也时常帮助课题组的研究生修改润色科技论文,希望能用自己的学识与经验帮助更多的材料学子。几十年的教学生涯,王先生培养了数以千计的本科生,6名博士后,40多名博士,80多名硕士,桃李满天下![①]

先生一生虽多次转行,但他真正做到了"干一行爱一行,干一行精一行",这是服务国家战略的无限忠诚,是参与祖国建设的无悔担当!

# 怀　念

在玉泉校区曹光彪大楼的贵宾室旁,有这样一面墙,墙上悬挂着浙江大学材料科学与工程学院(系)历届院长(系主任)的照片及文字介绍。每一位材料学子都曾从此经过,接受前辈们的"注目"。我也曾在此驻足,瞻仰前辈。这面墙仿佛是学院的精神谱系,其中第一位便是王启东先生。

2021年适逢王先生100周年诞辰,学校举办了隆重的纪念活动。省、校、院三级领导相继致辞,王先生遍布世界的弟子们齐聚一堂,纷纷诉说对先生的思念,回忆与先生的点滴。作为纪念活动的筹备人员,我协助学院老师、王先生的子女和学生们搜集素材,制作纪念视频。对王先生的生平了解得越多,我越能感受到老一辈科学家为了祖国强大,一心为公,不争名利,只争朝夕的精神力量。王先生的长子王宇平老师在纪念会上说:"我们希望通过王启东奖学金激发学生们责任之心和好学之心,让他们知道前辈科学家在探寻宇宙奥秘的同时,也注意培养自己的情操和修养。我们捐献的是爸爸王启东和妈妈张苏澄那颗竭诚热爱浙大的心,那片无私奉献给浙大学子的情。"

春风化雨,润物无声,学为人师,行为世范,王先生当之无愧!

---

[①] 甘笙.寿山千寻碧　桃李几度红——记我国杰出的材料学专家王启东教授[J].今日科苑,2012(2).

2021年9月，浙江大学纪念王启东先生100周年诞辰合影

作者简介

高铭希，浙江大学材料科学与工程学院材料与化工专业2021级博士研究生，曾于2015年作为浙江大学求是风采采写组成员采访王启东先生。

王育萍，浙江大学教育领导与管理学专业2021级博士研究生，现为浙江大学材料科学与工程学院党委副书记。（负责图片及校对）

人物名片

何志均（1923—2016），上海市人，中共党员，计算机科学家，教育家。1945年毕业于浙江大学电机系；1946年起在浙江大学电机系任教；1960年创办浙江大学无线电工程系并任系主任；1978年创办浙江大学计算机科学与工程学系并任系主任；1983年创建浙江大学人工智能研究所并任所长。与中国科学院数学所合作研发的"天马专家系统开发环境"，获1993年国家科技进步奖二等奖。设立了浙江大学计算机学院与软件学院何志均教育基金、浙江省云惠公益基金。

# 仰日月之光辉，
望星辰之灿烂

# 何志均

薪火相传，不知其尽。先生自身发出的光辉是其学术成就和人格魅力，但他却以言传身教照亮了我们的人生，把求是创新的火种传递给我们下一代，使之生生不息。[1]

——吴朝晖《一生学习的榜样》

## 铜像为径　精神永驻

2018年初，我进入计算机学院，那一年是计算机学院建院四十周年，院庆筹备工作正紧张又忙碌地进行着。

作为新人，第一件事自然是熟悉学院。学院老师提供了数份资料，包括数十年

---

① 吴朝晖.一生学习的榜样[M]//何志均老师纪念文集.杭州:浙江大学出版社,2018.

的纸质材料和近些年整理的电子材料。这些材料里，总是反复提及一个名字——何志均。这个被所有人尊称为"何先生"的人，到底是一个什么样的人？

资料里显示，何先生是计算机系和无线电系创始人、学界泰斗，培养了三位院士、两任校长，创办了道富中心，捐赠设立了两个基金……照片里的何先生，温文儒雅、文质彬彬，总是笑脸盈盈；在学院里，但凡提及先生，无人不肃然起敬。

根据学院安排，我协助制作何先生胸像一事。胸像的制作者是中国美术学院雕塑系原主任潘锡柔老师，当年潘教授已有85岁高龄。第一次去潘老师家看到何先生的泥塑小像，大概是先生中晚年时期形象，着衬衫，视线看向远方，神情坚定。我见过何先生数百张照片，那尊泥塑小稿刻画出的睿智长者与画面里的先生开始重合，小像很小，却给人带来安宁平静又沉思的情绪。我突然理解了"音容笑貌今犹在"——即使你没有见过本人，也依然能够被其感染。他的故事、他的精神，像一团火，能够照亮你前进的道路。

春暖花开的季节，学院邀请了何先生的遗孀薛老师和他的学生、同事一同前往察看何先生泥塑大样。这一群与何先生相交数十年的同事、朋友，他们或已退休，或继续奋斗在科研一线，"何志均"这三个字又将他们凝聚在一起。"当时我们对'四人帮'的命令阳奉阴违，对大批判敷衍了事，就是想保证学生的上课时间，就是下厂也是去专业对口的厂，所以相对来说，我们这几届的学生还是学习到了一定知识的。""何先生去美国出差，把津贴省下买设备，我们计算机专业才能迅速发展。""何先生1978年就提出人工智能了，我们是国内最早提出这一概念的高校之一呢。""何先生一生都扑在了科研教育上，他担得起'大家'二字。"我听着教授们追忆何先生，看着大样，"学者当自树其帜"，何先生就是计算机学院的那面旗帜，

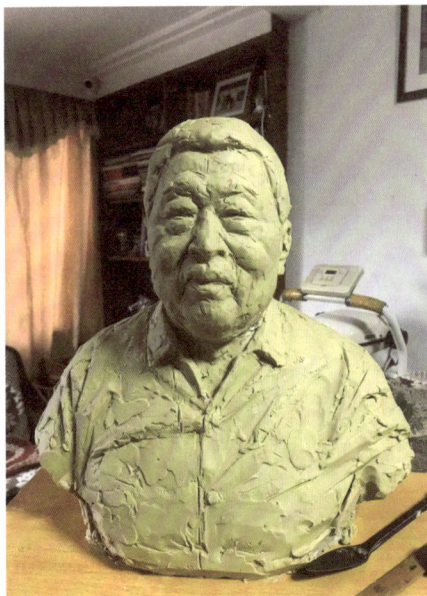

何志均先生泥塑小像

知行合一、担当作为，指引我们开拓创新，砥砺深耕。

潘教授与他的孙子在我们提供的上百张照片中反复观摩和比对，将时间长河中的"何先生"凝练成一尊无言雕像，经过家属、学院的反复确认，终于在夏天来临前，正式定稿。

何志均先生雕像定稿合影

## 筚路蓝缕　创新创业

学院材料《何先生传记》中，详细描写了何先生创立专业之艰难。1945年夏，何志均以浙大电机系电讯组第一名的成绩毕业，到昆明中央无线电厂担任甲种实习员，半年后应聘回校，在电机系任助教，开始了在浙大长达60年的教学生涯。

1957年初，浙大责成电机系筹建无线电技术专业，何志均提出立即成立一个"先行班"的方案。"先行班"各个教学环节，包括新课、新实验的开出与摸索，使1957年正式招入的一年级新生更能享受教学质量保证。1958年，何志均在电机系内办起电真空、半导体、自动运动等专业，并立即招生，完成了无线电系的构架，最终于1960年从电机系独立出来，正式成立无线电工程系，由何志均担任系主任，并兼任无线电专业教研室主任。浙大新建的无线电系在何志均与同仁的努力下，到了1966

何志均教授（右三）与首届硕士合影

年，已培养出近千名优秀的专业人才。

1973年，何志均受命创办计算机专业，他让有限的教师加上由学校分配来的约十多位刚毕业的本科生全部参与专业教学辅导，在工作中提升能力，若干年之后，他们都成了专业骨干。1978年，计算机独立成系，何志均出任系主任。在计算机系成立的同时，何志均即招收硕士研究生，以培养师资。他招收并指导的第一届五位硕士生，通过补基础，特别是一年半的学位论文科研能力培养，毕业后全部成为教学骨干，十多年后都做出了杰出成绩，全部升为教授、博士生导师，其中潘云鹤更成为中国工程院院士、浙大的校长。

众多资料中，一份何先生署名的材料吸引了我。计算机学院建院三十周年时，他在《艰难创业成就辉煌——计算机学院早期20年的历程回忆》一文中，回忆了与五湖四海的同仁，在逆流中创办专业的艰辛与困难，在顺境中海纳百川、扶植新生力量的欣慰与满足。作为创始人的何先生，对每一位计算机人如数家珍，尽可能地支持他们工作、科研或出国深造。文章语言平实却满含情感，很多专业术语我不甚了解，却震撼于一代代计算机人前仆后继、孜孜不倦的工作精神。就像曾经看到的一张老照片，老师和学生围坐在电脑前，或指着屏幕，或讨论些什么，清晰度不高，却能看清大家脸上的笑容，我想一定是又攻克了一个技术难题吧。

## 桃李不言　下自成蹊

何先生年逾古稀仍积极开拓国际合作，2001年创立浙江大学道富技术中心，开展全球化大规模金融软件研究与开发，产生重大影响。20年后的今日，"道富"在学院依然如火如荼地发展着，培养了一批又一批金融和技术复合型人才。

2003年，何志均先生八十寿辰之际，成立了何志均教育基金会，资助奖励浙江大学计算机学院学子。2015年何先生偕夫人捐资500万元发起设立浙江省云惠公益基金，致力于扶助社会弱势群体。何先生在成立仪式上说："'云惠'两个字没有和任何个人的名字有任何联系，没有纪念任何个人的意义。我们希望能吸引更多关注慈善事业的人士加入进来，做更多的贡献，让公益基金能不断壮大。"云惠公益基金包括云惠励志成长奖学金、云惠成长助学项目、云惠心妍儿童先心病救助项目等，受益人包括在校贫困学生、外来务工人员的先天性心脏病患病子女等。

何志均、薛艳庄夫妇在云惠公益基金成立现场

薛艳庄女士、美国道富公司原全球执行副总裁及首席技术官 Albert Jerry Cristoforo 与何志均先生雕像合影

受何先生感化，浙江大学92级计算机系全体同学发起"云惠92少年智客"项目，致力于提供有趣的科学课程来扩展流动儿童的思维；计算机88级的同学设立"88青云计划""浙大西迁之路——云惠助学"项目，前者面向浙大西迁所经地区的贫困初高中学生，展开夏令营扶助项目，后者资助浙大西迁所经地区高中在校就读的品学兼优但家庭经济困难的学生。

"仁人云集，惠风和畅"，今天云惠公益基金会的网页上呈现着数十个项目，理事会成员有学院教授、计算机校友、道富总裁，他们秉承何先生遗愿，像星星一样，照亮他人的人生。

何先生作为教育家，桃李满天下，为人真诚笃实，感召人心。不论是在专业领域，还是在基金会，何先生都是前进路上的火把，照亮他人前进道路，将温暖无限传递。

学院建立了院史馆，何先生的雕像就在院史馆的中央，背后是"人为本，和为贵,变则通"的九字院训。四十周年院庆日当天,在院史馆举办了何志均先生的纪念活动。在落成的雕像前,何先生遗孀薛艳庄女士说道:"计算机是他一生的事业,学院的发展也是他最为牵挂的,如果他看到今天的这一幕,一定会很欣慰,感谢你们,感谢大家,将这一份事业传承下去。"

我作为院史馆的讲解员,讲解的第一项内容一定是何先生的半身铜像,因为何先生是学院的根脉、是精神的源头、是凝聚在心底的力量。他像一棵参天大树,笔直挺拔,高耸云霄,守护着我们每一个人;他矗立在那里,指引着方向,鼓励着我们勇敢前行。

云山苍苍,江水泱泱,先生之风,山高水长!

作者简介

翟慧,2018年入职浙江大学计算机科学与技术学院,现为计算机学院学生工作办公室工作人员。

人物名片

陈甘棠（1927—2014），浙江杭州人，著名化学工程专家、化工教育学家，曾任浙江大学学术委员会委员、化学工程系学术委员会主任、联合化学反应工程研究所所长。联合化学反应工程研究所的创始人之一。创办了国内第一本《化学反应工程与工艺》学术期刊，研究的聚醋酸乙烯及各种胶黏剂、超细白炭黑、氯化丁基橡胶和溴化丁基橡胶等合成技术均为我国首创，并已投入工业生产。编订的《化学反应工程》教科书，在全国高校广泛使用。

# 常居学界先

# 陈甘棠

## 自强不息，自学成才

　　1927年2月10日，陈甘棠出生于浙江省杭州市一户普通人家，他自幼聪明，熟读"四书五经"。抗战全面爆发后，陈甘棠四处避难，才辗转来到江西赣州联合中学，学习不到半年，日军就大规模地侵占中国，国民党政府却消极抗战，自幼就有很强烈爱国热情的他不愿就读汉奸办的学校，一直在家自学到1945年日军战败。算起来，从小学到高中，陈甘棠实际只读了六年，许多课程如生物等全靠自学。1946年，陈甘棠同时参加了清华大学、浙江大学化工系和上海交通大学机械系的入学考试，均被录取。考虑到北方时局不稳，陈先生便进入了浙江大学化工系学习，研究生毕业后分配到大连工学院（现大连理工大学）工作，创办中国第一个但当时保密的合成橡胶专业。从翻译编著教材，开设高分子化工、传递过程、合成橡胶工艺学等专业课程到创立合成橡胶教研室,陈先生都是亲自负责。

1953—1957年,新中国实施了第一个五年计划,其中之一便是苏联提供技术和设备建立兰州合成橡胶厂,进行丁苯橡胶的合成。陈甘棠所创立的大连工学院合成橡胶教研室为兰州合成橡胶厂培养了大批专业人才,也为合成橡胶在中国的研究发展奠定了学科基础。

陈甘棠研究生涯一瞥

陈甘棠敢于发表自己的观点,富有远见。1960年,陈甘棠回到杭州参加浙江省化工学会年会,在年会上作了报告,提出了关于国内化工同仁要以石油为原料发展石油化工的观点。"在那个时代没有人敢说以石油为化工原料,谈这个话题需要相当的远见及勇气,同时也反映了陈先生对化工工艺非常熟悉。"吕德伟教授回忆道。他只问是非,不计个人得失,是第一批提出发展石油化工的专家之一,时间证明了陈老的观点是正确的,也证实了其对于该行业发展趋势具有相当的预见能力。

## 产学研合作的先行者

1961年,陈甘棠调回杭州工作,在新成立的浙江大学化学工程专业任副主任,研究重点从蒸馏转至新兴的化学反应工程。在师生们的记忆里,陈甘棠非常注重把高等学校的教学科研和国家的重大化工生产问题相联系,注重产学研相结合,提出"搞科研必须和搞生产的人紧密联系"。同门师兄弟兼亲密好友戒顺熙教授清晰记得,在20世纪70年代末80年代初,陈甘棠带着学生下工厂,与来自清华大学化工系、南开大学数学系的师生和北京有机化工厂的技术员共同开展用数学模型实现化工过程闭环控

陈甘棠在联合化学反应工程研究所成立大会上发言

制的研究。

党的十一届三中全会之后，国家工作重心转移到经济建设，陈甘棠作为牵头人发起创立了以中石化、浙江大学、华东化工学院（现华东理工大学）为主要参与对象的中国第一个联合化学反应工程研究所，并出任第一任所长。研究所的成立，改变了科研项目从文献中来、脱离生产实际的学术状况，从制度上为学校和企业之间建立了桥梁。一方面，学校有了更多的科研项目，比如帮助燕山石化、齐鲁石化、金陵石化、上海石化等企业解决工业难题和进行新产品研发；另一方面，中国石化总公司提供资金，建造了实验大楼，购置了实验设备，为师生们能更好地做科研项目提供了条件。

该研究所是国内首个集生产、研究、设计三位一体的研究所，不仅成为产学研结合的"一面旗帜"，更是推进技术创新的"一把火炬"，不断对接行业实际需求。近40年来，研究所"研究和产业紧密结合""把论文写在祖国大地上"的精神代代传承，其技术创新有效支撑了国有特大型石化企业，包括聚氯乙烯、聚乙烯、聚丙烯、有机硅、丙烯腈、精对苯二甲酸（PTA）在内的主流石化产业链的壮大，支撑了浙江省高端化学品的持续创新发展。2016年研究所同时获得两个国家技术发明二等奖，这在全国也是少有的。研究所的运行模式入选教育部《中国高校与大型企业合作典型案例集》首篇,共建的跨部门跨行业科研联合体的合作形式成为中国最早的协同创新模式。如今年轻的一代更是响应习近平总书记在中国科学院第二十次院士大会、中国工程院第十五次院士大会、中国科协第十次全国代表大会上提出的"要发挥企业出题者作用,推进重点项目协同和研发活动一体化,加快构建龙头企业牵头、高校院所支撑、各创新主体相互协同的创新联合体"[①]讲话精神,再谋宏图。

## 开宗立派,开拓创新

陈甘棠是我国化学反应工程学科的奠基人之一。

1978年,由于当时国内的化学反应工程技术跟国外相比发展还比较慢,为了更好地传授反应工程相关知识,指导工业化生产,陈甘棠开设了全国"化学反应技术"学习班。

浙江大学玉泉校区教四402室,吸引了大批大学老师和化工厂里的技术员。两个月里,陈甘棠每次课都是连续上六个小时,但始终座无虚席。一支粉笔、一个笔筒都可以成为他的道具,为学生生动讲解颗粒运动和流态化场景。"陈老师讲课真的是一门艺术,学生听得非常认真。最可贵的地方在于,他能把各个学科联系起来,从物理、化学和流体力学的角度来看微观,十分具有开创性。"陈甘棠的第一任助教沈庆扬回忆道,陈老师上课

陈甘棠(右二)与学生在实验室

---

①习近平.在中国科学院第二十次院士大会、中国工程院第十五次院士大会、中国科协第十次全国代表大会上的讲话[EB/OL].[2021-06-02](2022-03-26).xinhuanet.com.

太累,每天都要吃点"夜宵"——一杯糖水。

化学反应技术学习班授课后,国内迅速刮起了学习化学反应技术的热潮,高校纷纷建立了化学反应技术学科。该讲义在《石油化工》期刊1976—1977年连载,深入浅出、基础理论与实际应用相结合地把化学反应技术做了十分有效的介绍与推广,成为中国首部《化学反应技术》教材的雏形,科学出版社进行汇总整理后于1981年2月出版了《化学反应技术基础》。这也成了国内第一本系统介绍化学反应工程知识的书籍。

陈甘棠"化学反应技术"讲义的连载犹如春雷,使当时处于低潮的中国化工科技界为之振奋,也成为大批优秀学子进入化学反应工程学科的原动力,很多人成了陈老的"铁粉",之后大多数人在化工专业有所建树。

陈甘棠语言能力极强,虽没有到国外读过书,但是却能说能写流利的英文和日文。1979年,陈甘棠以高级访问学者的身份受派前往美国,在西弗吉尼亚大学讲课一年半,期间还编著了一本英文讲义教材《聚合反应工程》并深受好评。访问结束,陈甘棠婉言谢绝了待遇优厚的留美工作邀请,于1982年毅然回到了他挚爱的祖国,并用结余的生活费购买了当时国内稀缺的电子计算机赠予浙大化工系,剩余外汇全部上交学校,一心想让浙大和化工系能快点赶上世界化工发展的步伐。

陈甘棠自己在生活上很勤俭节约。有一次,陈甘棠带队去南京工学院(现东南大学),同事陈伯川在宾馆时就发现陈老师的鞋子脱胶了,大家建议他去买一双,陈先生笑着说没什么事,"学化工出身,用胶水自己粘一粘就好了"。然后他就自己动手粘好了,穿着粘好的鞋子在南京工学院完成了学术讨论。

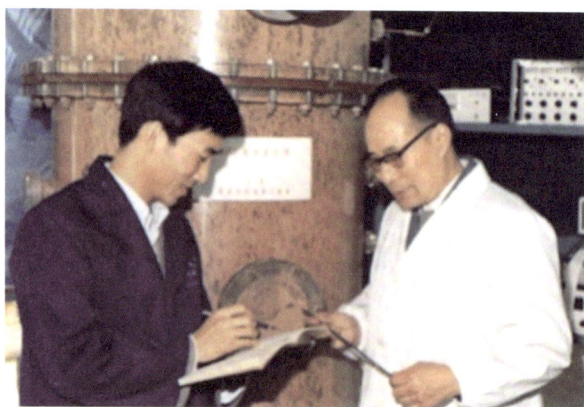

陈甘棠教授(右)在指导学生阳永荣

## 学高为师，身正为范

明镜止水以澄心，霁月光风以待人。

在学生自发为他撰写的回忆录里，这位身上具有开拓奋斗精神、家国情怀的中国化学反应工程的先驱，是学生们学术和精神上的灯塔。

陈甘棠爱生如子，推荐了多名学生出国深造并报效国家。他常常约学生爬山踏青、山顶野餐或到家里聚餐，大家齐聚一堂，包饺子、谈古论今、趣评中西文化，畅所欲言，其乐融融，这让很多在外求学多年的学生感受到了家庭的温暖。他的学生陈建峰院士回忆道："他知识渊博，口才极好，出口成章，诗句连连，使人陶醉。吃饭的时候听他讲故事是一种享受，就像今日电视中的大讲堂。"

陈甘棠淡泊名利，把学生的成长发展置于自己的学术事业之上。在学生孙光林的回忆文章中，这样记录着："陈老亲自带领我们外出调研，在他的指导下，我们成功地参与了金山石化反应器的挖潜改造，并获国家科委奖。在申报国家发明专利，确认发明人的名单和顺序时，先生坚持不署自己名，只列入三个主要骨干的名字。先生如此的高风亮节在当时的学术科技界亦属少见。"

陈甘棠先生（左一）在指导学生陈建峰做报告

陈甘棠高瞻远瞩，做学术如此，培养学生亦如此。20世纪80年代，陈甘棠教授率先提出物理化学流体力学的新研究方向，指导陈建峰等博士生进行了一系列开创性的研究，为90年代原创提出超重力反应强化技术及工程应用奠定了理论基础。他要求学生研究的课题要有重要和长远性的应用价值。陈建峰在做陈甘棠的研究生时，毕业论文选择了国际上鲜有人研究的关于微观尺度上分子混合与反应机制的命题，陈甘棠认为此理论课题今后必定有重要工业指导和应用价值，但该命题实验手段欠缺，难度很大，为此他请来了光学仪器研究专家、流体力学专家、数学专家帮助指导。"20多年后的今天，这个理论研究已展示出重要的工业应用价值，我自己研发的源于此理论研究上的两种技术成为有影响力的新工业技术。"现为中国工程院院士，中国工程院党组成员、秘书长的陈建峰院士仍非常感恩导师的高明远见。

学之之博，未若知之之要；知之之要，未若行之之实。在学生的记忆中，陈老先生培养学生的风格总是那么踏实、务实、低调、求是。陈甘棠的人才培养理念和爱国爱校情怀不断传承，研究所更是人才辈出，培养出包括陈建峰、阳永荣、李希、陈志荣、陈丰秋、陈光文、王靖岱、罗正鸿等学术界的优秀人才，中石油销售公司总经理廖国勤、万华集团CTO华卫琦、农夫山泉副总裁周力、慧德控股总裁刘军等企业界的优秀人才……

2008年，陈甘棠在浙大图书馆留影

上善若水，水善利万物而不争，处众人之所恶，故几于道。在我们已知的历史长河里，先生历来是受人敬仰的，因为先生不仅"传道、授业、解惑"，更"智如泉源、行可以为表仪"。陈先生虽是化工权威，但毫无学阀之风，他坚守求是创新之浙大精神，心怀求学报效祖国之信仰，鼓励学生要尊重科学和数据,敢于实事求是,不唯权威命是从,尤其反对一呼百诺的唯上之风。

一个有着5000年文明的古老大地,正在进行着人类史上从未有过的最大规模的现代化建设,中华民族伟大复兴的梦之舟,从来也没像今天这样接近彼岸。而梦之舟的远航,需要更多像陈甘棠这样的"先生"。

先生已逝,但令人欣慰的是,他的风骨已凝成一面迎风招展的旗帜,在后生心中耀动着,永不磨灭……

庆贺陈甘棠教授(二排右七)执教45年暨70寿辰合影

作者简介

阳永荣,浙江大学化学工程专业1989届博士生,现为浙江大学求是特聘教授。(负责文字及图片)

任聪静,浙江大学化学工程专业2010届博士生,现为浙江大学宁波研究院副教授。(负责统稿)

王靖岱,浙江大学化学工程专业2002届博士生,现为浙江大学教授,教育部"长江学者"特聘教授。(负责校对)

人物名片

吕维雪（1930—2001），上海市人，中共党员，1951年毕业于浙江大学机械工程学系并留校任教。1955—1958年赴苏联莫斯科机床工具学院及全苏机床研究所进修和工作。历任浙江大学教授、研究生院院长、副校长，国务院学位委员会第一、二届学科评议组成员，卫生部技术顾问，中国电子学会生物电子学会第一届副主任。1961年创建了浙江大学动态测试技术及仪器专业，1977年又在国内首创生物医学工程与仪器专业。1981年成为我国首批博士生导师。

# 躬自厚而砺后生

# 吕维雪

从求是书院到浙江大学百廿载的光辉征程中,浙江大学书写了一部波澜壮阔的办学史。在浙江大学发展历程中,有一位先辈把毕生精力献给了祖国的科学研究和教育事业,为中国生物医学工程学科的创立与建设、为浙江大学的改革和发展做出了卓越的贡献。他是敲开新世纪大门的教育工作者,是助力新中国发展的科技工作者,是点亮新时代科研工作前路的擎炬手,他就是我国生物医学工程学科先驱——吕维雪先生。

## 筚路蓝缕　创立专业

1959年,在浙江大学计划开办新专业之际,吕维雪先生负责筹建"精密仪器仪表"专业,并任专业教研组主任及党支部书记。在筹办过程中,吕先生深刻意识到,由静态向动态的发展乃科技发展的必由之路,并提出在国内其他大学所开设的传

1979年，原国家科委生物医学工程学科组成立大会合影（二排左五为吕维雪）

统静态测量的仪器仪表专业基础上革故鼎新，确立"精密、自动、动态"的定位。以当时的师资力量而言，从静态到动态，无异于涉足全新的领域。通过自主学习，吕先生开设了两门课程——"自动调整原理"与"自动记录仪器"。同时，他还自行研制了动态测试亟须的"$X-Y$函数记录仪"，里面的一些零件甚至是他在实验室车床上亲自动手加工而成的。

20世纪70年代中期，中国医用仪器基本依赖进口，医学仪器方面的专业技术人员严重短缺。于是，开设医学仪器相关专业，为我国医疗仪器制造业输送设计制造人才的想法，开始在吕先生的脑海中萌芽，同时他也敏锐地察觉到工程技术与生命科学的结合将对未来科学技术的发展产生重大影响。1977年，吕维雪先生率领多位来自不同专业领域的教师在浙江大学创办了我国首个生物医学工程与仪器专业。生物医学工程与仪器作为新兴的交叉专业，需要综合运用各种工程技术以解决生物学与医学中的各种问题。凭借着超群的新知识汲取能力和满腔热忱，吕维雪先生在培养方案的制定、师资力量的整合、培养过程的落实、教材引进与编写等方面做了大量的工作，从无到有地建立起完整的专业培养体系。

吕维雪先生在教育改革方面也做了大量的开创性工作。他在担任浙江大学副校长和首任研究生院院长期间,致力于探索因材施教、理工结合、培养复合型人才的新方法,参与首创了浙江大学混合班英才教育模式,努力推动浙江大学的学分制改革,在国内高等教育界产生了广泛的影响。近20年的实践发展之后,浙大混合班以更完善的浙江大学竺可桢学院形式持续培养一批批复合创新型人才。

## 严师益友　桃李天下

吕维雪先生注重培养研究生的国际视野和探索学科前沿知识的能力。魏大名,师从吕维雪先生,是我国第一位生物医学工程博士。吕先生主动联合国际生物医学工程学科的创始人之一——普朗西(Plonsey)教授共同指导魏大名。在他们的指导下,魏大名的博士课题选了心脏体表电位这一先进领域。后又经吕维雪先生指导,魏大名独自设计,研发实现了有100通道的心电体表电位系统的硬件和软件的完整系统。魏大名毕业后仍与吕维雪先生保持紧密联系。2021年,魏大名校友当选日本工程院外籍院士。

陈思平是吕维雪先生的博士后。他研究的医学超声方向当时在国内还是空白一片,在吕先生的支持下,他把研究工作放到有"业内黄埔军校"美誉的深圳安科公司。这一创举正是我国后来实行的企业博士后科研工作站的雏形。吕先生本人也被聘为安科公司的顾问,多次前往安科进行学术报告,鼓励青年学生。最终,陈思平不负所望,在安科参与研究出了我国第一台彩超设备,结束了我国彩超一直依赖进口的局面。

在学生们眼中,吕维雪先生治学严谨,不仅对自己工作要求极高,对学生也十分严格,为人正直正气,但处处为学生着想。1978级硕士生吴燊谨是吕维雪先生指导的首届研究生之一。1986年夏季,厄运毫无预兆地降临在他身上,他的爱人突发急性再生障碍性贫血,情况十分危急。吕维雪先生得知后,帮助联系医院,安排入住病房,及时挽救了吴燊谨妻子的性命。于吴燊谨来说,吕维雪先生不仅是授业恩师,更是妻子的救命恩人。

吕先生指导学生实验教学

混合84班基础教学结业仪式（正中间为吕维雪）

吕维雪先生(左)与魏大名合影

## 敏而好学　笔耕不辍

　　立身以立学为先。新中国成立不久,吕维雪通过俄文资料的学习、收集和整理,首次在浙江大学开设了金属切削原理课和自动机床方面的课程。在苏联进修期间,他接触了电子领域的相关知识,在对知识的渴求和不倦的探索下,他在研究数字程序控制机床方面做出了成绩。归国后建立起"数字程序控制机床"科研团队,用电子管器件搭建了一台简易数控机床。20世纪60年代初,为保证杭州市区不被洪水侵扰,浙江大学师生纷纷前往工地筑堤。当时没有机械设备,全靠人力挖土、挑土、打夯,耗费体力极大。当大家收工后休息时,吕维雪先生则坐在稻草铺的地铺上学习日语,勤学不辍。劳动结束回校时,吕先生基本上已能阅读日文的资料。基于其深邃的学术思想和敏锐的洞察力,吕维雪先生率先在国内倡导开展心电学理论、医学图像重建理论、定量生理系统及生物传感器等方面的研究,特别是在心电仿真理论研究方面,他在国际上首次提出并建立了电生理和血流动力学相结合的虚拟心脏模型,开创性地提出了基于虚拟心脏模型参数解的心电逆问题研究新方法,并在国际权威刊物上发表一系列论文,受到了国际学术界的高度评价。

吕维雪先生的实践动手能力亦深烙于他人心中,他的办公室里摆满了实验用的车床、电路板、单片机,其中还有吕先生首次出访美国时带回系里的第一台计算机,吕先生反复拆装之余总说:看看人家搞什么,也能知道我们要搞什么。纪念浙江大学110周年校庆之际,生物医学工程与仪器科学学院整理出版了关于维修组的回忆文集,浙江大学教授段会龙在文集的序中写道:"科仪系维修组的创立,无论当时出于什么样的背景和考虑,其根源在于吕维雪先生所倡导的学生实践和动手能力的培养。吕先生在我国开创生物医学工程、测试技术及仪器学科,潜心学术研究与学科建设之余,最是喜欢动手实践,凡各种机械装置仪器仪表多有拆解之例,更有亲手制作者。"

栉风沐雨,砥砺前行;四十五载,风雨兼程;万千学子,薪火相传。吕先生曾在学生的毕业纪念册上写下了——振兴中华,这既是吕维雪先生对学生的期许,也是吕先生毕生所坚守的教育和科研事业的真实写照。

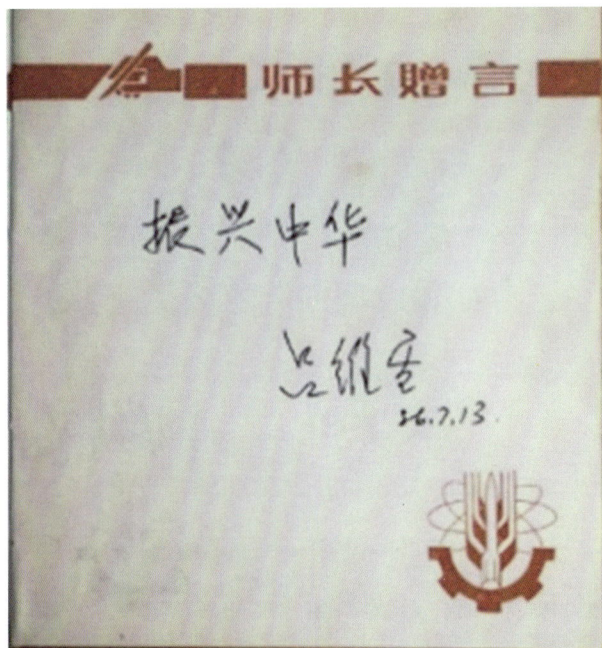

吕维雪在学生的毕业纪念册上赠言

浙江大学诞生于国家和民族的危难之际,生物医学工程学科成长于国家和民族的奋进之中。抚今追昔,吕先生躬自厚而砺后生,其治学严谨、开拓创新、诲人不倦的精神品质永远值得我们学习。在经受过新冠病毒的考验之后,我们更加意识到新时代医工信多学科交叉的生物医学工程学科在守卫人民健康福祉,助力国家大健康战略中所发挥的重要作用。薪火相传的浙大生仪人将永远追随吕维雪先生的脚步,为建设一流学科、培养一流人才贡献力量!

作者简介

曹野,浙江大学生物医学工程与仪器科学学院电子信息技术及仪器专业2020届硕士研究生,现为生仪学院团委副书记、本科生辅导员。

人物名片

唐孝威（1931—　），江苏无锡人，中共党员，原子核物理及高能物理学家，中国科学院学部委员（院士），浙江大学物理学院教授。1952年毕业于清华大学物理系。1979年获"全国劳动模范"称号。主要从事原子核物理、高能实验物理、生物物理学、医学物理学、核医学、脑科学等方面的研究，是我国脑功能成像研究和神经信息学研究的开拓者。

# "格物致理"

# 唐孝威

研究生期间，我每天去位于玉泉校区第十二教学大楼"格子间"的时候就会路过唐孝威院士的办公室。他的办公室陈列很简单，一眼望去就能看清楚，除了他伏案工作的背影，便是两张桌子、两把椅子和一盏台灯，其余的就是各种书籍和资料。当时我不太了解唐先生从事的科研内容，只是在心里默默崇拜着这位德高望重的老先生。后来，因为一些偶然的工作原因，我和唐先生有了交集，感受到他身上那仿佛是与生俱来的和蔼可亲、平易近人，更让我心生敬仰。

在办公室伏案工作的唐先生（2021年摄）

# 大先生爱国爱党

　　唐先生出生在抗日战争时代，他曾经跟着家人西迁流亡，颠沛流离。1949年2月，他在上海南洋模范中学上高三时，经过中国共产党地下组织考察后，秘密参加了中国共产党，至今已有73年党龄。

　　上海解放后，党组织考虑到唐先生学习成绩突出，思想品德好，有望成为新中国自己培养的红色科学家，希望他将来在国家的经济建设中发挥骨干作用。唐先生听从组织安排，决心更加刻苦地学习，报效即将诞生的新中国。1949年，唐先生以名列前茅的成绩考入清华大学，从此开启了探索科学的一生。

　　新中国成立初期，国家百废待兴，急需经济建设人才。1952年，根据国家的需求，唐先生和同一届的同学提前一年从清华大学毕业到中国科学院近代物理研究所从事我国核科学事业的科研创业工作。当他得知自己的工作岗位被定在中国科学院近代物理研究所后，他高兴得一夜没睡好觉，那一刻他想的是，从此可以为祖国的繁荣富强做贡献了。[①] 每次唐先生谈到那些我们认为特别伟大且高尚的故事的

2019年11月，唐先生给物理学系工程物理导论课程学生讲课

---

[①] 周金品,张春亭.从原子弹到脑科学:唐孝威院士的传奇人生[M].北京:科学出版社,2003.

时候,他总说:"这不是我一个人的功劳,是所有参与者一起努力的结果,我只是听党的话,党要我做什么,我就去做什么。考大学如是,找铀矿石如是,去金银滩负责测试研究如是,70岁后钻研脑科学亦如是。"

都说初心易得,难在坚守,而唐先生却几十年如一日地在自己所从事的领域深耕,脚踏实地地做研究,甘为人梯,不断攀登。唐先生非常关心青年一代的成长,因为他希望青年一代热爱自己的祖国和民族,继承和发扬中国的文化和科学传统,为祖国的建设服务,为祖国富强而奋斗。因此,他在讲台上和研究室里,经常向青年人讲解中国的科学成就。

唐先生认为,教育是国家的根本,人才是民族的希望。2001年唐先生来到浙江大学,他说:"我来浙大就是为了教书育人。交叉学科研究,非常需要一大批富有创新精神、有能力进行多学科交叉研究的年轻人,我准备在浙江大学培养这样的人才。先从本科生抓起,招收不同专业的学生集中起来培养,使他们成为兼有多个学科最新知识和科研能力的人才。"唐先生始终心系学生,办公室的门总是为学生开着,他从不以学者自居,对别人毫无架子,和学生们平等讨论,哪怕工作繁忙也一定不遗余力地进行教育和指导,总是循循善诱,引导学生进步,不但教给学生严谨的科学作风,还注重培养学生的理解力、创造力[①]。2018年离休后,唐先生把更多的精

2020年1月,唐先生与求是集团的小学生交流

---

① 周发勤.唐孝威科学实验四十年[M].合肥:中国科学技术大学出版社,1997.

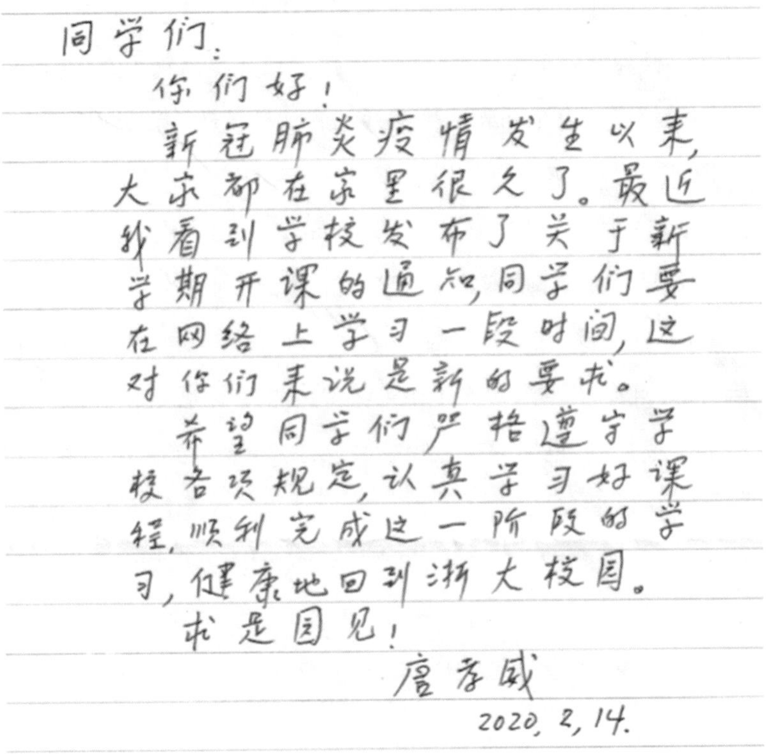

同学们：

你们好！

新冠肺炎疫情发生以来，大家都在家里很久了。最近我看到学校发布了关于新学期开课的通知，同学们要在网络上学习一段时间，这对你们来说是新的要求。

希望同学们严格遵守学校各项规定，认真学习好课程，顺利完成这一阶段的学习，健康地回到浙大校园。

求是园见！

唐孝威

2020. 2. 14.

2020年，新冠肺炎疫情来袭，唐先生寄语求是园的学生

力放在了关心下一代工作上，并努力将自己的一些经历、故事等编辑成册，希望给儿童和青少年一代带去一些启发和思考。近几年由于新冠肺炎疫情，很多工作的节奏不得不慢了下来，但唐先生从来没有停下关心下一代的工作，他时刻惦记，亲自安排、落实针对儿童和青少年的丛书的推进工作。

## 大先生专业精湛

20世纪60—70年代，唐先生在青海研制基地参加中国原子弹和氢弹的研制工程，贡献卓著。70年代中，他又领导实验组进行我国返回式卫星舱内空间辐射剂量的实验测量。1978年初，他带领中国实验组到国外参加马克-杰国际合作实验，为胶子的发现做出了重要贡献。接着，他领导的实验组在L3实验组以及AMS项目等国

际合作中发挥了重要作用。80年代起，他又在物理学与生物学、医学、脑科学、心理学等多个交叉学科领域做出了许多开创性贡献。①唐先生谈关于参加原子弹和氢弹研制的感受时说："第一点是同志们拼搏奉献的献身精神；第二点是同志们一丝不苟的工作作风；第三点是九院领导以身作则的好榜样。"唐先生也始终践行着这三点，现在已是90多岁的他，仍然坚持每天都来办公室，他不仅认真整理各类科研资料，还经常与不同学科的老师、学生一起交流，进行思想碰撞。直到现在，每周还都会有不同学科的科研人员到唐先生的办公室，和他进行学术讨论，从物理学到生物学、医学、脑科学，再到心理学，唐先生始终保持热忱，并耐心指导毕业生做论文。

唐先生的专业精湛，也体现在一些小事上，比如他十分注重保存学术论文、书籍等各类科研资料。离休后，唐先生便一直在整理这些资料，所有资料他都坚持自己整理，并全部捐给浙江大学档案馆，每一份要交接的资料，他都理得整整齐齐，并提前手写一个目录。在电子化的今天，每一次看到唐先生亲笔写下的目录，我都会觉得异常钦佩。有关唐先生的书籍、文章很多，但凡需要他审阅的，唐先生都会很快看好，并认真写下修订意见，哪怕是一个标点符号，也会工整地标记出来。

唐先生手写的资料目录（2020年摄）

---

① 周亦颖，姜舒扬. 从研制"两弹一星"到脑科学，浙大88岁院士的跨界传奇[EB/OL].［2019-11-10］（2022-02-15）.https//www.ifeng.com.

理研究所），吴有训、钱三强与王淦昌先后担任该所所长。所里共分四个大组，第一大组是由赵忠尧领导的实验核物理组。其下又分四个实验研究组，其中之一是探测器组，组长是后来担任中国原子能科学研究院院长的戴传曾，唐孝威就被分在这个组里工作。他和同事们一道白手起家，克服各种困难，终于研制出第一批气体核探测器。

1953年夏，唐孝威接受一项绝密任务——跟随地质勘探小分队到南方山区寻找铀矿，他带上所里自制的探测器，在湖南、山西一带奔波三个多月，终于圆满完成任务。次年春，他再次接受特殊的保密任务——探测国外在太平洋进行核试验对我国大气层造成的核污染。他带上探测器，与另两位同事一起登上专用飞机，穿梭于高空大气层中，对高空环境进行放射性监测。这一时期，唐孝威在所里老物理学家的带领下，从事并完成了有机盖革管、卤素管、强流管等多种特殊形状和用途的计数管的研制，并研究其气体放电现象，这些工作为中国的核探测器事业打下基础。

1956年，苏联杜布纳联合原子核研究所成立，在中方负责人王淦昌的提议与推荐下，唐孝威被选派到该所原子核问题实验室参加研究工作。他与两位苏联同事一起先后进行质子吸收 $\pi^-$ 介子的实验和高能电子产生电磁级联簇射的实验。后来，他又和另一位苏联科学家一起研制出可控高压脉冲供电计数器。这种新型探测器是之后在高能实验中被广泛使用的火花室和流光室的先驱。在此期间，唐孝威还参与全吸收谱仪和多板结构的取样式电磁量能器的研究和应用，这些均为在国际上率先开展的研究工作。

## "两弹一星"立丰功

1960年4月，唐孝威奉调回国，到二机部（核工业部的前身）九院（核武器研究院）报到。负责人朱光亚让他从事研制原子弹所需要的核物理和核测试工作。于是，他带领实验组的几个年轻人，利用原子能研究所的回旋加速器进行中子物理实验，进而研究制造原子弹所需要的探测器。他们还到河北境内长城脚下的爆轰试验场，参加小型爆轰物理实验研究。在原子弹研制进入关键阶段时，他们又转移到地处青海省海晏县"金银滩"的西北核武器研制基地。1964年"五一"之际，唐孝威回京结婚，新娘吕芳是语言学家吕叔湘的小女儿。

在原子弹爆炸的关键技术——中子点火的试验过程中，唐孝威带领实验组自己动手制作各种探测仪器，其记录数据始终做到准确无误。由他负责的实验测试组与邓稼先领导的理论设计组密切配合，通过分析各种核辐射数据，对核弹内部复杂的反应过程进行了测量和诊断。1964年10月16日，原子弹成功爆炸，唐孝威首先确证了中子点火技术的成功。

完成原子弹研制的试验任务后，唐孝威又带领实验人员投入氢弹的研制工作。他和邓稼先、于敏等反复论证，提出了许多关键性的思想和一系列方案与设计，又研制出了一系列测试仪器。氢弹爆炸试验时，唐孝威守在试验记录系统旁，当场报出核爆炸瞬间的关键性试验数据，首先判断和证实了我国氢弹爆炸原理的成功。1967年6月17日，又一朵蘑菇云在罗布泊上空升起，中国成功试爆了第一颗氢弹。

"文化大革命"时期，唐孝威因莫须有的罪名历经磨难，身体更加羸弱。幸好后来王淦昌恢复了工作，把他调回北京休养，洗刷种种罪名后来得到平反。1973年，高能物理

唐先生对文稿的修订与批注（2021年摄）

## 大先生勇于创新

　　唐先生参与了我国核探测器的创业,曾和实验组同事们白手起家,克服了各种困难,独立摸索,成批制成了测量射线的盖革计数管、卤素管和强流管,为我国独立自主研制核探测器打下了基础。后来,唐先生带着实验组自主研制的便携式射线探测器,跟随当时地质部的铀矿地质勘探队一起到南方实地寻找铀矿,并发现了那块被称为中国核工业"开业之石"的铀矿石标本。

被称为中国核工业"开业之石"的铀矿石标本

　　唐先生曾经写过:"生不创业,虽生何益?"这是他对科研创业的态度,同时也寄托了他希望青年一代热爱探索、热爱科研,以坚忍不拔的精神积极开展发明创造、造福后人的深切感情。唐先生一直在积极涉足跨学科领域,面对崭新的领域,他始终热爱真理,勇敢有力地前进,无论是在核物理、高能物理还是生物学、医学等方面,他始终保持求知、求是的姿态,勇于创新,善于创新,坚持创新。

## 大先生不囿于物

唐先生还为我国脑科学的发展做了大量的推动工作，为了推动意识研究，他曾主动提出可以在浙江师范大学做兼职导师，以联合培养的方式与自己的博士生合作带研究生，在聘任仪式上，唐先生就明确表示不接受任何薪酬和科研启动经费，他这么做，只是出于对学生以及中国意识研究工作的支持。[①]

唐先生有一个"三不原则"：不收礼物、不收酬金、不受宴请。跟唐先生接触久了就会觉得，用"超越于物质之上"来描述他一点也不过分，他就是胸怀"国之大者"、坚持"立德树人"的典范。他从不计较个人得失，事事处处都替别人着想。有一年，唐先生收到了读者的许多来信，他说自己年事已高，没办法——回复信件，于是他就手写了"弘扬两弹精神　建设富强中国"这样一句话，让我寄给每一位给他写信的读者，并且再三说明这属于个人事务，不能用学校的信封和邮票。唐先生还有一个原则，那就是不过生日。唐先生的生日是10月1日，与国庆是同一天，但是每年这个时候他都要找地方"躲起来"，因为他不想麻烦大家给他过生日，2021年国庆节是唐先生

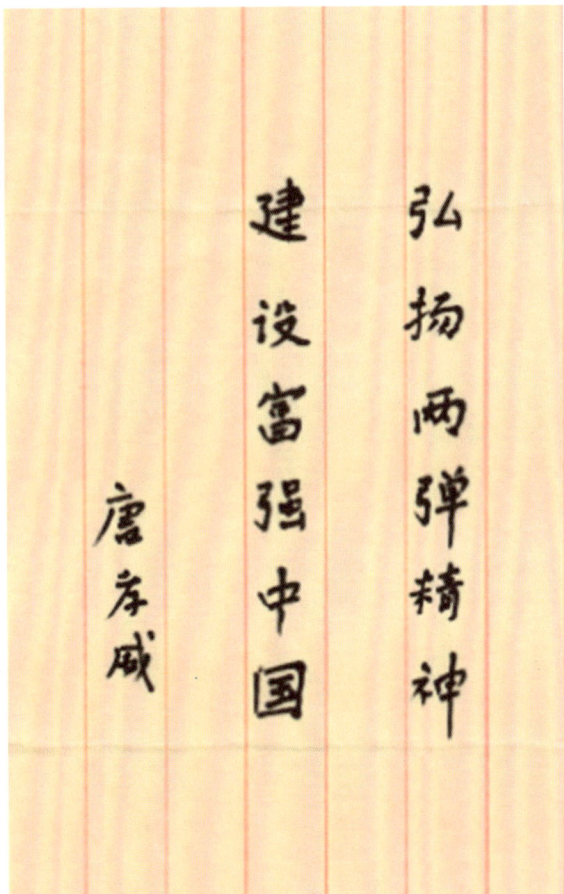

2019年，唐先生题写的"弘扬两弹精神　建设富强中国"

①陈飞燕,单保慈,徐怡.山高水长——我的老师唐孝威先生[M].杭州:浙江科学技术出版社,2020.

90周岁生日,他也一样,直到11月才回到杭州,我们才见到他。

虽然我写的只是一些小小的细节,但我想正是因为这些小小的细节,铸就了让我们无比敬仰的唐先生。在我心目中,他就像一个太阳,见到他就觉得温暖,就会有力量,因为他始终保持着一份赤诚的初心,不为外物所动,又心系万物。他就是我心中的求是大先生。

作者简介

章晨,浙江大学物理学院凝聚态物理专业2016届硕士研究生,现为浙江大学物理学院专职组织员。

## 人物名片

郑树（1931— ），安徽广德县人，中共党员，肿瘤学教授，博士生导师，浙江大学肿瘤研究所学术委员会主任。1955年毕业于浙江医学院。2005年入选美国外科学院，并担任 *World Journal of Gastroenterology* 等十数种专业杂志的主编或编委。自1987年起享受国务院政府津贴，2005年荣获何梁何利基金科学与技术进步奖，曾获国家科技进步二、三等奖，教育部科技进步一等奖，省科技进步一等奖等省部级以上奖励共30余项。

# 扎根求是园的大树

# 郑 树

## 矢志报国,好大一棵树

我也没想到一辈子就在这了。我很小的时候就跟我妈妈到老广济去看过病,然后因抗日战争到外面转了一圈,回来以后,1949年考上大学后就扎根在这里,这辈子就在杭州,这辈子就是在浙江大学了,一直到现在。好像是这个缘分样的,一直就在这。也许跟我这个名字有关系,一棵树栽在哪就长在哪了。

——郑树

说起与浙医的缘分,郑树先生总是会提起很小的时候陪妈妈看病的经历。当时来广济医院(现在的浙江大学医学院附属第二医院)看病的人很多,她觉得医生很神气,便立志:"我也要当医生,我当医生了,穷人不要钱,富人要给钱。"怀着这个心愿,1949年新中国第一次招收大学生,郑树先生就报考了浙江大学医学院、大连医学院和南京大学医学院三校联合招生的医学专业，并决心选择浙江大学医学院。放榜的时候名单贴出来，才发现错写到了南京大学医学院，郑树先生还去理论一番，最终重新抄榜，这才如愿进入求是园。

1984年，彼时的浙江医科大学百废待兴，郑树先生受命出任校长。她改革鼎新，大刀阔斧进行学制改革，恢复公共卫生系、药学系，调整新建研究所，筹建中国医学科学院浙江分院，筹建护理系等，还带领学校连续三年在卫生部组织的全国部分医学院校医学系毕业生的统考中获得2个第二名和1个第一名的优异成绩，使得浙江医科大学声名鹊起。她自称做了13年校长，一直在忙两件事，一件事是到处讨钱，另一件事是造房子。1987—1991年，郑树先生一直为了建楼四处奔波筹集资金。1989年，香港著名实业家邵逸夫先生捐资7000万港元，后又捐赠400万美元购置医疗设备，在杭州筹建综合医院作为学校附属医院，命名为邵逸夫医院。当时的条件下要建一所邵逸夫先生心目中管理好、设备好、条件好的"三好"医院非常难，最后郑校长亲自去香港才最终促成此事。1991年，高72米、建筑面积21000平方米、耗资2300万元的19层三号教学大楼竣工投入使用，成为当时全国高校最高的一座教学楼。

## 仁心仁术，医学领域常青树

我是1949年读大学一年级的，完全在红旗下长大，所以骨子里刻着国家需要我做什么就做什么，组织要我做什么就做什么。那时，全国第一次人口死因调查发现，浙江某些地区大肠癌发病率居全国前列。所以我的研究方向就转向了大肠癌。现在还常有人问你怎么还一直在做？我身上的事情没做完呢，还有事情要干。要不断地好奇，不断地探索，可能就有兴趣了，主要还是兴趣。

——郑树

从医从教几十年，郑树先生年逾九旬还坚持出门诊，每天泡在实验室里。郑树先生是大肠癌领域的泰斗级人物，长期从事恶性肿瘤的防治工作，从大肠癌基础到临床转化的系统性研究中,探索出具有中国特色的大肠癌防治途径,为我国的大肠癌防治事业做出了卓越贡献。但其实她在美国进修的主攻方向以及兴趣志向是乳腺癌,并已经有了重要研究进展。1973—1975年,我国开展了第一次人口死因调查,调查显示东南沿海地区肠癌有着高发病率和高死亡率,为了祖国的需要,在组织的安排下,郑树先生毅然放弃多年的乳腺癌研究成果,转而投身于大肠癌防治工作。1978年起,郑树先生在大肠癌全国最高发地区嘉善、海宁启动大肠癌筛查项目,这是全国开展的第一次肿瘤筛查工作。此后20多年间,郑树先生带领团队对高危人群继续开展跟踪检查,从而使海宁肠癌的发病率下降30.42%,死亡率下降17.56%,通过早期预防和治疗挽救了无数人的生命。

我国首次开展肠癌人群防治研究时,海宁的大肠癌普查宣传板报

创新探索永无止境。郑树先生与美国斯坦福大学合作研究,设计了一套含金量很高的大肠癌高危人群的高危因素调查问卷。在此基础上加上大便隐血检测后确定的高危人群进行肠镜检查的干预阻断研究,形成了一套系统的"量化高危因素序贯筛检方案"。这为我国大肠癌研究提供了总体思路和研究方案,目前已在全国多座城市开展使用。至今,郑树先生还在参与大肠癌的早期筛查项目,不断寻找更特异的早期大肠癌标志物。

郑树先生治学严谨、医术高超、医德高尚,堪称浙医的一面旗帜。她说:"我不能脱离临床,不能离开我的病人。"无论多么晚期、多么难治的患者,在郑树先生这里总是能得到最好的治疗、最多的关心。2013年，郑树先生将个人所获的浙江省科学技术重大贡献奖50万元人民币奖金悉数捐赠给学校，设立"浙江大学教育基金会郑树医学教育基金"，以支持和奖励医德医风良好，并在医学教学、科研、临床实践与服务中取得优异成绩、做出重要贡献的医学部教职员工和学生。

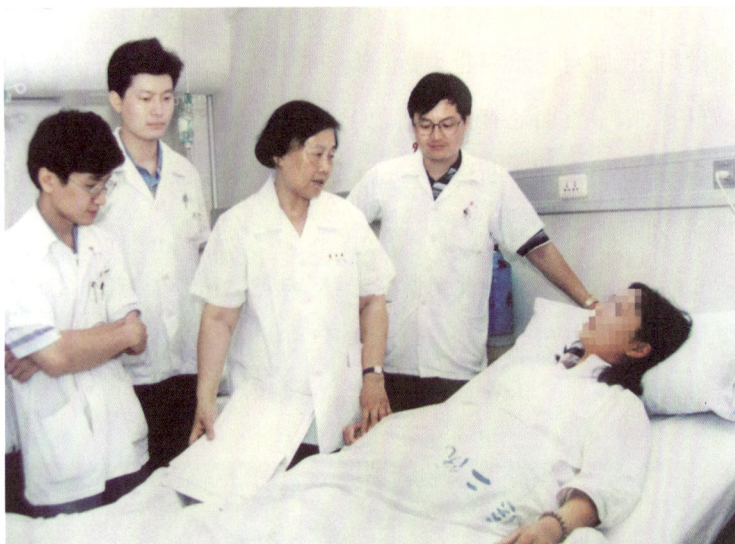

郑树教授(左三)和团队一起在病房查房

## "郑人高义，树木树人"[1]

金字塔要造得高的话，底一定要宽。学医并不是一个单一的口子，就是往下学，底子要宽。

像我这个年龄了，我就想我怎么样能够再多做一点事情，对学校有些帮助、对学生有些帮助的事情。

——郑树

从医从教以来，郑树先生像一棵枝繁叶茂、硕果累累的大树，培养出了一代又一代德才兼备的医学精英，目前国内外肿瘤学领域的骨干力量很多都是她的学生。

---

[1] 著名文学大师金庸先生1996年为郑树先生亲笔所题。

郑树先生认为早期接触临床对医学生的锻炼非常重要,医学生一进校要认识未来的工作环境,要了解自己承担的责任,知道今后要做的首先是服务。一年级学生哪怕做不了什么事情,到医院去做义工也好,较早接触临床,才会有责任感和奉献精神。

郑树先生还极力倡导医生踏实做临床研究,鼓励医生拿出三分之一的时间用来做科研。她自己也躬身力行。郑树先生认为,医生要解决病人的问题必须不断提高自我,医学方面还有很多问题没解决,那就必然脱离不了研究。医学生要永葆好奇心,不断追求和不断鞭策自己;不忘初心,时刻思考自己如何为社会和国家多做贡献,而不是索取。

捧着一颗心来,不带半根草去。郑树先生从小矢志"一定得好好学习,为党和国家、为百姓做点事儿"。她像一棵参天的大树,深深扎根求是园,将个人命运与时代紧紧捆绑在一起,并做到了为梦想奋斗一生。

郑树教授在实验室指导学生实验

作者简介

常乐,现为浙江大学医学院人事人才办公室工作人员。(材料来自医学院党政办公室,照片来自郑树先生助理董琦)

## 人物名片

董石麟（1932—　），浙江杭州人，空间结构工程专家。1955年本科毕业于同济大学，1960年研究生毕业于苏联莫斯科建筑工程学院，获副博士学位。浙江大学空间结构研究中心主任、教授、博士生导师。《空间结构》杂志主编。科研成果用于工程实践，如首都体育馆、国家大剧院、2008年奥运会"水立方"游泳馆等。获国家一、二、三等及省部委一、二等科技进步奖以上奖项共18项，2014年荣获浙江省科学技术奖重大贡献奖。发表学术论文200余篇，主要著作有《空间网格结构分析理论与计算方法》《组合网架结构与空腹网架结构》《新型空间结构分析、设计与施工》等。1997年当选为中国工程院院士。

# "跨越空间"

# 董石麟

从首都体育馆到国家大剧院,从水立方到杭州奥体中心体育馆,从国家冬奥会速滑馆到深圳机场航站楼……这些大跨度空间结构建筑的顺利建成,离不开一位老人朴实而热忱的初心。他的名字,在中国空间结构的发展史中熠熠生辉;岁至耄耋,他取得的荣誉更是数不胜数。然而,面对等身的荣耀,他却总是谦逊地说:"我是一个再普通不过的杭州人,只是一辈子做了一件喜欢的事。"①

## 戏院结缘,少年笃志

说起董石麟与大跨度空间结构建筑的缘分,可以追溯到他幼年时期一段有意思的经历。幼年时,董石麟的生活很简单,除了学习,最让他开心的事大概就是看戏

---

① 张彧,沈琳,马赛洁.中国工程院院士董石麟——江南有美"莲"我来守护她[N].浙江日报,2021-07-22(8).

了。"小时候,家里穷,买不起票,剧院里一演绍兴戏,心里就痒痒。"所以每当演出临近散场的时候,他就和小伙伴想办法混进去,看个尾巴过过瘾。当时浙江地区的乡村建筑,多以木结构为主。"剧院中间有很多柱子,挡住了我们的视线。我当时一边看戏一边在心里暗暗许愿,总有一天我要造出没有柱子的大剧院,让所有人都能看得到舞台。"①

几场只看了尾音的戏、一座满是柱子的剧院,让那个柱子后的少年从此与建筑结下了不解的缘。"想造没有柱子的大剧院"成了董石麟求学的方向。1955年,董石麟从同济大学毕业,考取了公派留苏的名额。彼时百废待兴的中国,对全新建筑理念与技术的需求如饥似渴。

在诸多的选项面前,董石麟毫不犹豫地选择去莫斯科建筑工程学院攻读大跨度空间结构专业,师从国际著名空间薄壳结构专家符拉索夫教授。"一是为了实现小时候的梦想;二是当时的我,对国外的建筑技术已经有所了解,所以更觉得一定要出去看看。"②

## 排除万难,力破空白

1960年,董石麟从苏联学成回国。之后,他主持过几个薄壳结构设计,譬如跨度54米的无锡某研究所试验大厅无脚手装配式薄壳屋盖。但薄壳结构的材料以钢筋+混凝土为主,比较笨重,慢慢地,他把研究方向转向了重量较轻的网架结构,他说:"我想给中国的建筑做点减法。"筚路蓝缕,以启山林。这是一条此前中国建筑界少有人走的道路。这既是董石麟对职业方向的选择,也是他对时代的回应。

第一个付诸实践的建筑,便是建成于1968年目前仍在使用的首都体育馆,这是一座有着古老历史的运动场馆,也是一座承载中国各种体育赛事的竞技场馆,装修改造后用作了2022年冬奥会场馆。

---

① 杭州奥体中心主体育场专家顾问组组长、中国工程院院士董石麟——江南有美"莲"我来守护她[EB/OL].(2021-07-22)[2021-12-23].https://hznews.hangzhou.com.cn/chengshi/content.
② 张彧,沈琳,马赛洁.中国工程院院士董石麟——江南有美"莲"我来守护她[N].浙江日报,2021-07-22(8).

董石麟至今清楚地记得，首都体育馆跨度为99米×112.2米，是当时国内第一个大跨度网架结构建筑。当时董石麟的工作，就是分析计算出首都体育馆网架1022个节点、3479个根杆件相互之间的受力情况。之后的所有加工制作安装步骤，都要根据受力情况一步一步进行，任何一个数据出现偏差，都可能导致整个空间结构出现安全隐患。

为了完成这个工作，董石麟将自己关进办公室整整两周。"当时的条件不如现在好，我们借用了中科院每秒万次的计算机，但部分结果还需要进行手算，才能把误差控制在5%内。"就这样他每天工作十多个小时，在稿纸上手算出128个联立方程式，最终完成了最核心的计算任务。

看到一座内部无柱、现代化大跨度的体育馆从图纸变为现实，董石麟笑了，"有一种梦想成真的感觉"。这是当时中国自己设计建造的第一个大跨度网架结构建筑，也实现了他从小想造"没有柱子的大房子"的理想。在北京工作20多年，董石麟每次看到首都体育馆，都感到无比亲切和自豪。

## 深耕浙大，奉献故乡

"男儿立志出乡关，学不成名誓不还"，这两句话先生在心中不知吟诵了多少遍，直到1985年，他才回到了久别的故乡。先生说，在北方工作越久，思乡之情便越重。多番考虑后，先生选择回到故乡杭州，到浙江大学任教。此后多年，先生一直在行业领军者、团队领导人和"火种"传递者三种角色间游走。[1]

每天上午，他都会骑着自行车从求是村前往玉泉校区土木科技馆，很难想象，这个衣着朴素的骑车老人，就是我国空间结构的奠基人之一。"一个人的力量是有限的，知识的火种永远需要代代相传。"[2]回忆起在浙大任教的经历，先生感到十分满足，"当时搞空间结构的研究生中，大概合起来60%都曾是我的学生"。他培养的

① 张焱，沈琳，马赛洁.中国工程院院士董石麟——江南有美"莲"我来守护她[N].浙江日报，2021-07-22(8).
② 奥体"大莲花"在这位耄耋老人的照看下"生长"[EB/OL].[2021-07-22](2022-02-05).https://www.rmzixun.cn.

董石麟院士做学术报告

百余名优秀研究生,有的成为学科带头人,有的成为企业负责人,有的还获评全国劳动模范……在发挥名师垂范效应过程中,形成了空间结构团队领衔人罗尧治教授当好"领头雁",中青年党员、团队骨干许贤教授、沈雁彬副教授等接续团队梦想的人才梯队。

"目前我们大跨度空间结构已经到了大国的水平,我们下一步的目标是建成一个大跨空间结构的强国。一个是科技水平要创新,要提高;第二个,我们不仅在理论方面要搞好,而且要服务于社会,服务于国家,国家需要什么,我们就研究什么。"董先生用亲身经历讲述了一个"从无到有,从小到大,从大到强"的科教兴国之路。

坐而学,起而行。"知识的力量,不该关在研究室里。它应该成为不断前行的催化剂。"这是董先生一直以来的治学态度。刚到浙江大学时,董先生和他的团队成员常常在休息日骑着自行车到工厂车间,把学校最先进的理念和技术带到工厂,手把手地教工人们怎么设计产品,怎么控制质量。[1]受益于董石麟及其团队的推动,不少

---

① 张彧,沈琳,马赛洁.中国工程院院士董石麟——江南有美"莲"我来守护她[N].浙江日报,2021-07-22(8).

董石麟院士(右四)团队在实验中

企业收获了"阳光雨露"。位于萧山衙前镇新林周村的萧山蜗轮箱厂,是一家以生产合页为主的乡镇企业,员工不到100人,年产值不足80万元人民币。在先生与浙大另一位老师的建议和支持下,工厂转型生产大跨度建筑必须用到的钢网架结构。"我邀请国内外专家到这里指点交流,我们学校和厂里设立博士后工作站联合培养博士后。我常开玩笑说,不是厂子里的人,干的全是厂子里的事。'东南网架'这个名字,也是我们和厂方共同讨论后确定的。"董先生说。

水立方、北京首都机场T3航站楼、中国"天眼"FAST反射面网架结构、杭州火车东站、杭州奥体中心、委内瑞拉国际会议中心等众多大跨度建筑的网格结构,都由东南网架公司承建。这之后,杭州萧山成了国内钢网架结构生产中心,几乎占据国内钢网架结构生产制作安装的半壁江山。从大跨度空间结构领域一片空白到向着空间结构强国稳步迈进,董石麟用亲身实历诠释了一位科研工作者对空间结构事业最朴实而真挚的热爱。

2017年，董先生（中）为浙江大学董石麟·周定中空间结构专项奖学金获得者颁奖

## 一生赤诚，不负所爱

如今，耄耋之年的先生仍然心系浙大，积极活跃在教学科研第一线，用实际行动支持空间结构事业的发展，助力优秀学子的成长。他的身上生动诠释了爱国奉献、创新创造、宽厚坦诚的高校知识分子的精神追求，引领、激励和感染了一代代学子。他曾于2016年携夫人周定中女士以个人名义向浙江大学教育基金会土木建筑规划教育基金捐赠了100万元，设立董石麟·周定中空间结构科技教育基金，并于2019年再次捐款100万元，用于支持空间结构学科发展，激励空间结构科技工作者进行科技创新，加快空间结构领域创新人才培养，促进我国空间结构事业的进一步发展。

2018年3月17日下午，董石麟教授带领选修"大跨空间结构"课程的60余名学生进行现场教学。玉泉校区结构实验室有董石麟亲自主导设计的索穹顶模型、全运会济南体育馆弦支穹顶模型、北京北站张弦桁架模型、六杆四面体网壳模型等多个模型。其中，蜂窝四撑杆型索穹顶模型见证了百多米大跨度索穹顶结构所使用钢量

董石麟院士为2015级土木工程本科生现场授课

从100多公斤每平方米降至30~40公斤每平方米的重大突破。①

董石麟结合自己的专业知识和科研成果，为学生做了两个多小时详细的介绍。虽然已86岁，但讲起从事了一辈子的大跨空间结构，他依然精神矍铄，神采奕奕。在先生的眼里，似乎并没有退休一说。"我感到我有一份力量的时候我还要继续做。能起来的时候，能工作的时候，我还是要投入空间结构的学习中去，去推导公式、做模型实验，到现场去看具体的工作。"②

先生鼓励正在学习的青年一定要入一行爱一行，只有热爱自己的专业才能喜欢所学的课程，也才能学好课程，打好扎实的基础。"我一辈子爱这个事业，爱这个行业，一个人到了这个行业，就得爱这个行业，才能够在这个行业里面做出贡献，才能够钻进去发现问题、解决问题。"③

---

① 耄耋之年坚守讲台，桃李天下不忘初心——记董石麟院士为2015级土木工程本科生现场教学[EB/OL].(2018-03-23)[2021-12-13].http://www.ccea.zju.edu.cn/2018/0323/c7973a790988/page.htm.
② 耄耋之年坚守讲台，桃李天下不忘初心——记董石麟院士为2015级土木工程本科生现场教学[EB/OL].(2018-03-23)[2021-12-13].http://www.ccea.zju.edu.cn/2018/0323/c7973a790988/page.htm.
③ 耄耋之年坚守讲台，桃李天下不忘初心——记董石麟院士为2015级土木工程本科生现场教学[EB/OL].(2018-03-23)[2021-12-13].http://www.ccea.zju.edu.cn/2018/0323/c7973a790988/page.htm.

董石麟与蜂窝四撑杆型索穹顶模型

董石麟(右一)指导研究生科研

一骑单车，三尺讲台。岁月风霜带不走一片初心，董先生的每一步都融进了家国情怀，用实际行动启迪后辈，奋力实现空间结构强国的宏伟蓝图。正如先生在浙大建工学院建院九十周年纪念上的题词"今朝奋发学习潜心钻研，明天美了祖国益了人民"，这也是先生个人学习工作生涯的真实写照。

作者简介

陈丽婷，浙江大学建筑工程学院2020级建筑学本科生。

吴盈颖，浙江大学建筑工程学院建筑学专业2016届博士生，现为浙江大学建筑工程学院党政办公室副主任、专职组织员。（负责图片及校对）

人物名片

林俊德(1938—2012)，福建永春人，中共党员，中国爆炸力学与核试验工程领域著名专家。1960年毕业于浙江大学机械制造专业。长期从事空中爆炸冲击波、地下爆炸岩体应力波、爆炸地震波、爆炸安全工程技术、强动载实验设备与实验测量技术等研究工作。参加过众多重大国防科研试验任务，带领项目组解决了多项关键技术课题，获国家发明奖2项，国家科技进步奖2项，获二等以上省部级科技进步奖12项。1990年获国家人事部颁发的"有突出贡献的中青年专家"证书。2001年当选为中国工程院院士。

# 献身国防科技事业的科学家

# 林俊德

　　2013年1月，中央军委主席习近平签署通令：全军和武警部队广大官兵要向林俊德同志学习，像他那样坚定理想信念，不断深化中国特色社会主义理论体系武装，模范践行当代革命军人核心价值观，自觉强化军魂意识，坚定不移听党话、跟党走，矢志不渝为中国特色社会主义共同理想而奋斗；像他那样忠实履行使命，爱岗敬业，勤学苦练，拼搏进取，始终保持奋发有为的精神状态，深入扎实做好军事斗争准备，圆满完成党和人民赋予的各项任务；像他那样永葆革命本色，大力弘扬我党我军的光荣传统和优良作风，自觉抵御拜金主义、享乐主义、个人主义的侵蚀和影响，淡泊名利、乐于奉献，艰苦奋斗、勤俭建军，始终保持革命军人的高尚品格和良好形象。①

---

① 中央军委主席习近平签署通令授予1单位1人荣誉称号[EB/OL].[2013-01-28](2022-02-21).www.gov.cn.

## 求是风骨，感念传承

一生为国铸核盾，一世甘做淡薄人，一腔热血化春雨，在求是园，有无数学子被这样一位浙大学长感动着、激励着。

2017年，浙江大学依托机械学院，以全军挂像英模、1960届校友林俊德院士的爱国奋斗事迹为原点，成立了"浙江大学马兰工作室"，开展了一系列学习和传承林俊德院士精神的活动，在求是园掀起了强烈的马兰风潮。今天，走进浙江大学校史馆和党建馆，都能看到林俊德院士的一些故事。最

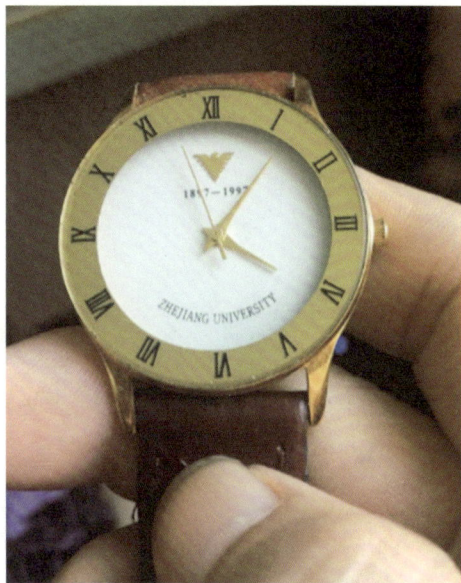

林俊德参加浙江大学百年校庆时获赠的手表

让我们记忆深刻的是林俊德佩戴过的一块浙江大学百年校庆纪念手表。这是1997年，林俊德回浙江大学参加母校百年校庆时获赠的一块纪念手表，之后便成了他始终随身携带的钟爱物件，一戴就戴了15年。直到林院士离开人世时，他一直将手表带在身边。这块手表是浙大与林院士之间的信物，也可以说是林院士一生真实的写照，分秒不错，勤奋不辍。他用生命诠释了"艰苦奋斗，干惊天动地事，无私奉献，做隐姓埋名人"的马兰精神，以及他对祖国、对浙大深沉的爱。

作为马兰工作室的成员，我有幸访谈了林院士的亲人、战友、学生和同窗，了解了林院士更多感人至深的故事，有幸参与到了学习和宣传林院士事迹的活动中来，亲身感受了这样一位浙大"马兰人"的平凡与伟大。

## 勤奋刻苦，励志求学

2021年暑期，我们走进林院士的家乡——福建永春，走进他的母校永春介福乡

小学，走进他的祖屋，触摸他学习和劳作过的地方，走进他亲弟弟的家，听他的家乡人为我们讲述他的成长。1938年，林俊德出生于福建永春县紫美村，身为小学教员的父亲林宗海给儿子取名"俊德"，希望他长大后，做一个才能品德都杰出的人。父亲的厚望，成了林俊德人生的座右铭。林俊德说，在他人生成长的过程中，父亲是他最早的启蒙老师。受父亲的影响，林俊德自幼学习认真，学习成绩优秀，深受老师们的喜爱。

1949年小学毕业     1952年初中毕业     1955年高中毕业

林俊德小、初、高就读经历

但父亲的早逝让本就不宽裕的林俊德一家生活更加艰苦，非常懂事的他从小就学会了为母亲分担家务，一边读书、一边放羊。高中时，住校的林俊德常常以在家吃饭可以省钱补贴家用为由，几乎每周都回家，其实他是想为母亲多干一些活，分担家里的重担。几十公里的山路，不知道来来回回赶了多少趟。上大学时，从紫美村到最近的县城，以如今的交通方式都需要近两个小时。1955年，林俊德就是这样赤着脚，肩扛一根扁担，挑着简单的行囊，深一脚、浅一脚地走出大山，前往陌生却向往的浙江大学。

当时国家和苏联合作紧密，林俊德在大学里学习的是俄语。俄语的发音、识记本身就比较难，他又来自福建，在学习的过程中，需要转变本来的语言习惯，相对于其他同学来说更吃力。但他学习语言很卖力，经常用一张小纸条，把生词等要记的东西写在纸条上，早晨起来翻阅，练习口语。后来不仅是俄语课程，林俊德其他的课程评分几乎都是"优秀"。

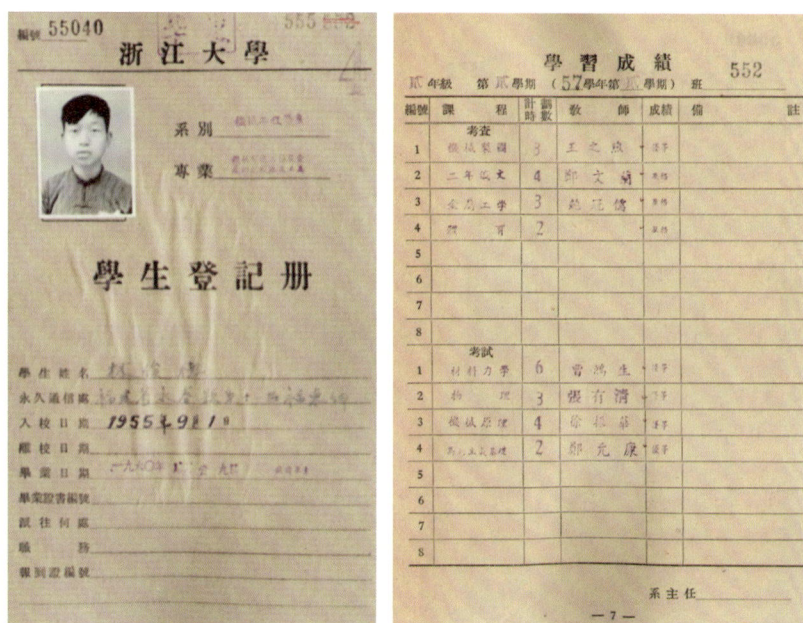

林俊德学生登记册、成绩单

在解决难题方面，林俊德更是肯下功夫钻研。我在整理林俊德纪念资料时看到他的同窗、好友张文斌在回忆文章中写了这样一件往事：1958年，林俊德和张文斌在从没有见过液压马达也没有任何参数资料的情况下，仅凭一张总装示意图最终设计制造了液压马达，并试验成功。那个时候的林俊德仅仅是一个大三的本科生，张文斌先生感慨道，在油马达（液压马达）的设计过程中就可以看出林俊德同志细致的工作作风、敏捷的思维能力以及大胆的创新精神。

当前，生活节奏越来越快，网络社会上散布着各式各样的情绪焦虑。每当我在生活中、科研上遇到难题时，每当我受到负面情绪的影响时，林俊德先生在浙大求学时的身影就会浮现在我眼前。第一教学大楼古朴的红墙，树木随着春风抽出翠绿的新芽，从前的某一时刻玉泉是不是也亮着这样一束灯光，林俊德先生在光束下伏案学习，是那样刻苦、认真和勤奋。错位的时空似乎可以重合，时时抚平我心头的焦虑和躁动。

## 极致工作，淡泊一生

丹心照大漠，血汗写艰辛。1960年9月，从浙大毕业的林俊德积极响应祖国召唤，毅然走进大漠戈壁，投身到伟大的核试验事业之中。怎样才能算得上是真正的核爆炸？仅仅看是否有蘑菇云是远不够的，还需要用仪器去测量核爆炸的威力。林俊德负责的就是这项工作，建立以压力自计仪为代表的核试验冲击波参数测量系统。最终，林俊德带领课题组在极其困难的条件下成功研制出"钟表式压力自计仪"，完成了从地面到高空，从距爆心近区到距爆心数百公里的核爆炸冲击波数据测量，那个时候的林俊德年仅26岁。

林俊德小组安装压力自计仪（左图左一、右图右一为林俊德）

林俊德不仅是一位"学习狂"，更是一名地地道道的"工作狂"。即使70岁高龄了，"搞研究、做实验、带学生"仍几乎占去他所有时间。林俊德一年只休息三天：大年初一、初二、初三。他说："成功的关键，一个是机遇，一个就是'发狂'，成功不成功，的确有个机遇。一旦抓住机遇，就要发狂地工作，所以效率特别高，不可能的事就可能了。"据林俊德的学生说，为了拿到第一手资料，他常年奔波在实验一线。凡是重要实验，他都亲临现场，拍摄实验现象，记录实验数据。这是他的专业需要，也是习惯。林俊德用确凿的数据，向全世界证明了中国第一颗原子弹爆炸成功。[①]前有战士浴血拼杀为新中国人民赢得了自由选择的空间，国家未来命运的责任更需要有人来承担。林俊德毫不犹豫地履行了他对"求是"精神的践行、对共产主义的捍卫，一腔热诚，凝聚在了他对知识的渴望、对科学的追求和对家国的热爱上。

工作中的林俊德（左图左一为林俊德）

林俊德生活非常简朴，他以身作则涵养廉洁家风，弘扬清风正气。1997年，林俊德回母校浙江大学参加百年校庆时获赠一块纪念手表，之后便成了他一直随身携带的钟爱物件。时间久了，手表调节指针的地方坏了，他也舍不得扔，用透明的胶带粘起来继续戴。[②]就这样，一块手表用了15年，一个游泳帽用了19年，一个公文包用

① 欧阳雨轩，李灵.党史故事百校讲述——隐姓埋名52年，人民不会忘记！来听浙大讲述林俊德院士的故事 [EB/OL].（2021-04-19）[2022-02-06].https://www.edu.cn.
② 欧阳雨轩，李灵.党史故事百校讲述——隐姓埋名52年，人民不会忘记！来听浙大讲述林俊德院士的故事 [EB/OL].（2021-04-19）[2022-02-06].https://www.edu.cn.

了20多年，一个铝盆补了又补舍不得扔。他搞实验，动手能力强，家里的沙发和床是他用包装箱拆下的木板做成的，沙发套是老伴亲手缝制的。林院士去世后，10万元慰问金交到老伴手上，她深深地鞠了一个躬表示谢意，说："这些钱就当作他的最后一次党费吧，这也应该是他的心愿。老林一辈子干了他喜欢的事业，他对党和国家的爱刻骨铭心。"

## 以智殉国，至死攻坚

2012年5月4日，长年忘我工作、积劳成疾的林俊德被确诊为胆管癌晚期，在他生命最后的27天里，他拒绝化疗，拒绝手术，拒绝一切影响他工作的事，他每天都坚持工作，因为他意识到自己的时间不多了，他要与死神争分夺秒。即使病情突然恶化，被送进重症监护室，林俊德也强烈要求转回普通病房，他说："我是搞核试验的，一不怕苦，二不怕死，现在最需要的是时间。"林俊德的家人告诉他说，"你该休息了，你的身体要紧"，林俊德则说，"要休息就坐着，要是倒下了，就再也起不来了"。

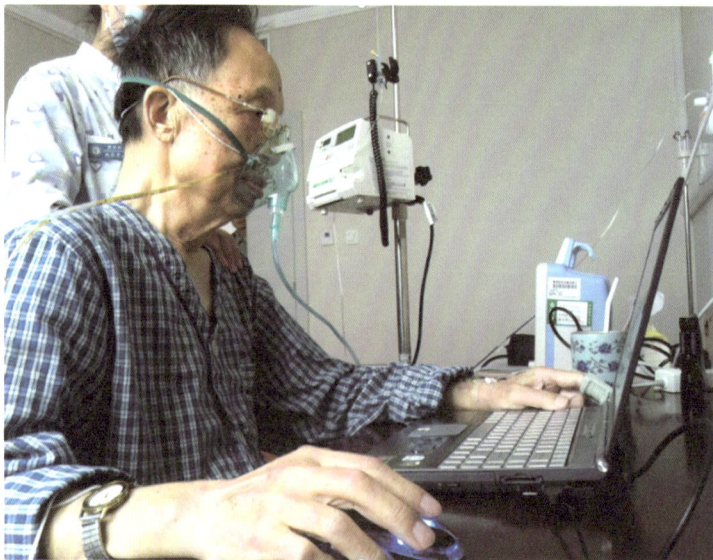

林俊德生命的最后时刻依然在工作[1]

---

① 图片来源于中央电视台新闻联播。

2012年5月31日，林俊德病情再度恶化，生命进入倒计时。他却先后9次要求、请求甚至哀求医生同意自己下床工作，家人实在不忍心他的最后一个愿望都得不到满足，林老这才下了床。林俊德一直心系着他的电脑里那许许多多关系国家核心利益的技术文件，他的学术思想、技术思路、试验总结和各种数据、照片、图表，有些甚至是加密文件，他必须亲自整理归档。还有学生的论文需要审改评阅，两名博士生即将进行论文答辩，没有导师的意

**林俊德——献身国防科技事业杰出科学家**

林俊德（1938－2012）国防科技事业奋斗终身的科技工作者模范。福建省永春县人，某基地研究员。1960年入伍，专业技术1级，中国工程院院士，我国爆炸力学与核试验工程领域著名专家。他投身国防科技事业50多年，扎根戈壁无私奉献，年过七旬依然战斗在科研试验第一线，在被确诊为胆管癌晚期到去世的20多天里，仍把病房当作战场、与死神争分夺秒，为国防科技事业奋斗到生命最后一息。2012年5月，因病去世，2013年1月，中央军委追授他"献身国防科技事业杰出科学家"荣誉称号。习近平主席号召全军官兵要以林俊德同志为榜样，为建设听党指挥、能打胜仗、作风优良的人民军队，维护国家主权、安全和发展利益作出新的更大贡献。

2018年9月，中央军委批准增加林俊德为全军挂像英模

见，不仅学生毕业要受影响，与之相关的两个前沿课题研究的进度也将延缓……在连续工作了两个小时后，这位为国家奉献了一生的老人，永远地离开了我们。他的夫人坐在他的身旁，深情地抚摸着他的手说："老林啊老林，40年了，你现在终于属于我了。"

"大漠，烽烟，马兰。平沙莽莽黄入天，英雄埋名五十年。剑河风急云片阔，将军金甲夜不脱。战士自有战士的告别，你永远不会倒下！"这是"感动中国"人物评选组委会给林俊德先生的颁奖词，也是他一生最为真实的写照。吝啬的时间不肯给这位可敬的科学家临终的从容，但也让我们看到了这位科学家是如何为祖国撑起了尊严和底气，是如何在坎坷中练就了最坚忍的意志，如何在鲜血中凝铸了最饱满的身姿。

"此后,你将与历史上众多灿若星辰的名字一起,分享'浙大人'这个光荣的称号,共同承担起国家和社会的责任。"这是我人生中第一次收到来自浙江大学录取通知书的时候印象最深的一段话,这是浙江大学对每一位浙大人最初的期望。光荣的背后是牺牲,成功的背后是奉献,求是的星空光辉灿烂,林俊德先生以一片丹心映照。朴素之言,足以温润人心;卓绝之行,足以风动四方。林俊德先生告诉我们,要时刻以坚忍不拔的定力,锲而不舍的追求,甘于寂寞的情怀,为国奉献的信念,让青春在党和国家最需要的地方绽放绚丽之花。我心中的求是大先生——林俊德先生精神永驻。

作者简介

赵金栋,浙江大学机械工程学院机械设计及理论专业2021级硕士研究生。

王芳官,现为浙江大学机械工程学院团委书记、辅导员,浙江大学马兰工作室成员。(负责校对工作)

陈熠钧,现为浙江大学机械工程学院团委副书记、辅导员,浙江大学马兰工作室成员。(负责校对工作)

人物名片

王明华(1942— ),山东诸城人,中共党员,浙江大学信息与电子工程学院教授,中共一大代表王尽美长孙。1965年毕业于浙江大学无线电系并留校任教,创建了光电子技术专业,建立了半导体集成光电子学研究实验室。先后承担及参与国家"863""973"计划项目及多项国家自然科学基金项目,曾任两届国家自然科学基金委员会信息学部半导体学科评审组成员,杭州市电子学会理事长。2011年7月退休,现为浙江大学关心下一代工作委员会副主任。

# 永远跟党走

# 王明华

"中国共产党人创造了伟大的红船精神。各位都是博士、硕士研究生,是实现中华民族伟大复兴的栋梁之材,要传承好红船精神。"2021年3月21日,在中国革命红船的起航地——嘉兴南湖,中共一大代表王尽美之孙、浙江大学信电学院教授王明华以在红船边宣讲党课的方式,带着40余位师生党员回顾了中国共产党的创建历程,激励师生铭记党史,铸牢信念,传承薪火,不断奋进。

如今的王明华已经是耄耋之年。2011年正式退休后,他应邀参加浙江大学关心下一代工作委员会求是宣讲团,2014年被聘为浙江大学关工委副主任。在加入浙江大学关工委求是宣讲团的十余年中,王明华积极参与对青少年,特别是学生党员的理想信念教育工作。他以"永远跟党走""信仰的力量""跟着王明华学党史""信仰与理想"为主题,向在校大学生,以及中小学生、地方关工委作宣讲和座谈,传播红色正能量,为下一代成长提供了正确的政治引导和宝贵的精神财富——他,就是

王明华在嘉兴南湖革命纪念馆为大学生讲党史

我心目中的求是大先生。

　　或许你会问,王明华心中的红色信仰火种是如何种下的?他又是如何成为具有广泛影响力的红色信仰传播者的?回望王明华的革命家史和成长经历,便可知晓这些问题的答案。

## 特殊的革命家史

　　"我的祖父是中共一大代表王尽美。我虽然没见过祖父,但他立志为中国人民的解放事业而奋斗的革命理想和为党的事业'鞠躬尽瘁、死而后已'的革命精神,一直激励着我和我全家。"2014年7月的一天,南浔一中的礼堂里人头攒动,座无虚席。王明华作为宣讲人,正在向学生们宣讲党课"传承祖父遗志,永远跟党走"。

　　王尽美1898年出生在山东诸城市枳沟镇大北杏村。1918年,他以第一名的成绩考入山东省立第一师范学校,并在五四运动中成为学生运动的负责人。1920年他与邓恩铭等在济南成立了马克思学说研究会,学习和研究马克思主义。1921年7

1950年秋,王明华告别恩重如山的曾祖母,随母亲奔赴父亲南下工作的浙江义乌(前排中间为王明华)

月,时年23岁的王尽美与邓恩铭代表济南共产党组织出席了中国共产党第一次全国代表大会。1925年,王尽美因长期的忘我工作和艰苦生活,积劳成疾,与世长辞。"病重期间,他请青岛党组织负责人笔录了他的遗嘱:'全体同志要好好工作,为无产阶级及全人类的解放和共产主义的彻底实现而奋斗到底。'"王明华的现身说法,以深情回忆,展现了祖父王尽美献身革命的鲜活形象,更展现了中国共产党苦难辉煌的创业历程,使听众心中燃动起不灭的红色信仰之火。

据王明华回忆,祖父去世时,父亲王杰还很小,不久祖母也去世了,一家人主要靠曾祖母操持,生活异常艰难。抗日战争全面爆发后,王明华的父母都参加了八路军,继续着祖父未尽的革命事业。

王明华在宣讲中说:"我父母继承了我祖父的遗志,为党的事业奋斗了一生。"一位中学生在听过王明华的宣讲后,激动地说:"听了王明华教授的宣讲,我的内心久久不能平静,王尽美作为第一代共产党人,为革命事业鞠躬尽瘁,王杰夫妇以及同时代的共产党人,我觉得正是受了第一代共产党人的感召和影响,才前赴后继于中国的革命事业,然后才有了越来越多的共产党员投身于这项伟大的事业。"

## 坎坷的成长经历

"我们的兄妹都是共产党员,我们的子女也都是共产党员。一个人的能力有大有小,但有一点是共同的——永远跟党走!因为我祖父是要求别人去做的,那我们自己首先必须做到。"

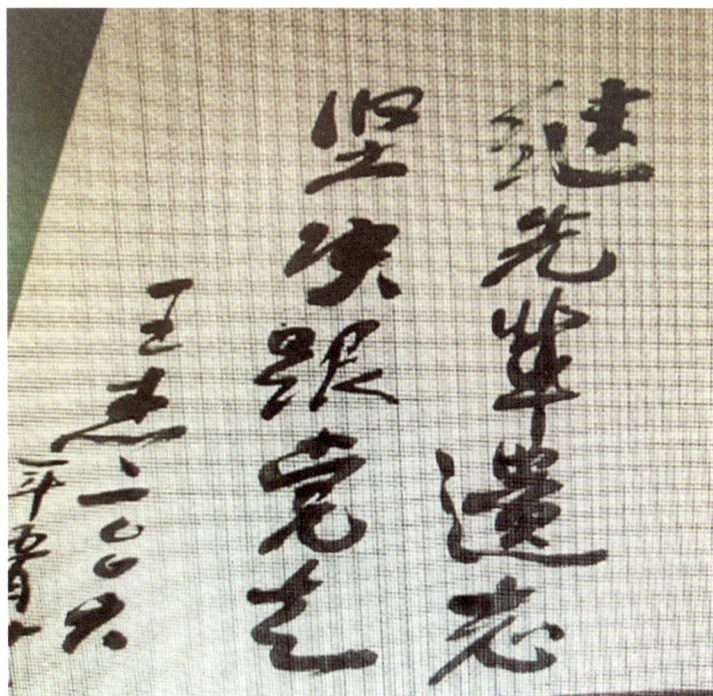

王明华父亲王杰在故乡诸城的王尽美纪念馆内题字："继先辈遗志，坚决跟党走"

　　"'听党的话，努力工作，永远跟党走'是我们家的家训。"作为"红三代"的王明华，从出生开始，就注定了要与红色信仰相伴一生。王明华出生时，父母都忙于革命事业，无暇顾及家庭，开始由干娘照顾，后来日军常来扫荡，尚在襁褓的他又被送到姥爷家，同他们一起过着穷困的生活，他还因为在雪地里躲避日军扫荡而患上了无法治愈的耳疾。童年和少年时的惨痛经历，让王明华知道了"落后就要挨打"的道理，也认识到了永远跟党走，为民族和国家寻找光明的重要性。于是他立志要好好学习，为党和国家的建设事业贡献智慧和力量——这就是深植于王明华心中的信仰。

　　读书时期，王明华勤奋好学，成绩优良。1960年7月，他以优异的成绩从杭州四中毕业，并获"杭州市三好学生标兵"荣誉称号，被保送至浙江大学。1965年7月，王明华大学毕业后，由国家统一分配到浙江大学半导体专业任教。不久，跟随老教师参与援助阿尔巴尼亚军用电台高频发射大功率晶体管的研发工作，并获成功。

这是王明华第一次真切地感受到，所学所做能够发挥实实在在的作用，心中的理想正在自己的努力下一步步地实现。1977年恢复高考后，他又学习了半导体物理、晶体管原理等课程，还承担了本科生集成电路课程教学工作。20世纪70年代末，王明华又与几位老教师一起着手筹建光电子技术研究室，并联合兄弟高校申办光电子技术本科专业。

20世纪80年代初，王明华作为公派出国留学生，赴日本东京大学电子工学专业学习集成光电子技术。王明华的祖辈用生命点亮了中国政治社会新生的一道光电，他则同样抱着为国为民的理想，去重新认识自然科学领域的光电。两年后，带着收获的新知，他踌躇满志地回到了浙大。此后，他在专业道路上不断取得新的成绩，成了浙大光电子学科的创始人。他带领科研团队研发的集成光波导光分路器，使我国告别了该项技术只能从国外进口的历史。

王明华在实验室

# 为党育人，为国育才

"只要我们打好基础，潜心研究，就不会比任何人差。"

"我们现在正在以习近平同志为核心的党中央领导下，为实现'两个一百年'的奋斗目标而努力奋斗。"

"青年党员是党的希望，民族的未来，肩负着实现中华民族伟大复兴的历史重任。我们要不忘初心、牢记使命，坚定理想信念，始终记住自己入党时的誓言。"

在40余年的教学科研生涯中，王明华不仅传授学生科学知识和技能，更注重思政育人，培养学生的高尚情操和爱国情怀。直到退休前，他还坚持给本科生上课，先后培养硕士生40余名，博士、博士后20余名。王明华的学生中，有很多已经成为行业的精英翘楚，这些学生不仅业务出众，更具备过硬的政治素质，在工作岗位上践行着导师王明华"永远跟党走"的理想追求。

王明华指导的第一个博士冯浩，曾是竺可桢奖学金获得者，谈起王明华时仍一脸动容，"那时候，王老师总在实验室待着。除了周末没校车，几乎都在实验室里，一直到现在也是这样"。冯浩感慨道："他有着革命家庭的气质，正直和善、兢兢业业，对自己的要求非常严格，为人低调，从不炫耀。"

王明华退休十多年来，坚持宣讲党课，受众群体涵盖研究生、本科生和中小学生；他作为浙大关工委副主任、省老干部红色讲师参与各兄弟单位宣讲，在省内外产生了广泛的影响。在宣讲活动中，王明华把自己珍藏的千余册图书捐赠给了湖州市南浔区练市一中，鼓励中学生努力学习，报效祖国。只要是关心下一代工作有需要，王明华总是义不容辞地积极参与，让年轻一代在看到"满满干货"的同时坚定"永远跟党走"的政治自觉。

浙江大学信电学院2016级研究生李达聆听了王明华的党课，深受感染，立志投身国防军工事业，毕业后到中电集团第十四研究所工作。李达临行前，王明华手书勉励他："国家，是我们人生的第一要务。"王明华的家国情怀再次跃然纸上。

信电学院信息工程1801班本科生王雕在听完王明华关于中共党史的宣讲后，动情地感慨："听着老先生的讲解，此时的我似乎成了中共一大召开时的旁观者，能

王明华先生为研究生举行大型报告会,指导青年人不忘初心、牢记使命

感受到船中每一个人内心的激动,那是对于中国共产党成立的一种渴望啊……珍惜与感恩,才是年轻人应该做的事!"

2021年,王明华研究生党建工作室正式成立,王明华在新的历史起点上继续践行着"永远跟党走"的不变诺言,带领青年师生胸怀"国之大者",迈向"双一流"建设和民族复兴的伟大使命愿景。

王明华,是我心中的大先生!

作者简介

章哲恺,现为浙江大学离退休工作处西溪管理服务中心副主任。

人物名片

潘云鹤(1946—　)，浙江杭州人，中共党员。计算机应用专家。1970年毕业于同济大学建筑学系，1981年浙江大学计算机系毕业获硕士学位，并留校任教，后任浙江大学校长。长期从事计算机图形学、人工智能、CAD和工业设计的研究，是中国智能CAD和计算机美术领域的开拓者之一，创新性地提出跨媒体智能、数据海、智能图书馆、人工智能2.0等概念，发表多篇研究论文，取得了多项重要研究成果，多次获得国家、省部级科技奖励。1997年当选为中国工程院院士。

# 为祖国做贡献是最大的愉快

# 潘云鹤

潘云鹤院士是令人尊敬的卓越教育家、学识渊博的战略科学家、传道授业的知名大先生，在办学治校、科学研究、教书育人、社会服务等各个方面均做出了开创性的贡献。无论是打造浙江大学一流创新人才培养模式，抑或勇闯人工智能"无人区"，还是致力于打造"知识无边界"，他都践行了在伟大的时代中把自己所学贡献给祖国和人民的承诺。他的家国情怀、公益精神和对学校的关爱之情，激励着我们广大科教工作者勇攀世界人工智能科技高峰。

## 一流创新人才培养模式的设计者和践行者

1995年，时任浙江大学校长潘云鹤在浙江大学教学工作会议上提出了知识、能力、素质（KAQ）并重的人才培养新模式，使得"求是、创新"的方法和路径更为具体、明确。KAQ人才培养模式注重知识的交叉复合，实施拓宽基础、实施专业培养、进行学科交叉的人才培养。在此基础上，潘云鹤先生积极推进学生创新创业培养教育。1999年，在他的积极倡导下，浙江大学在全国大学中率先创建了"创新与创业管理强化班"，构建了面向浙大优秀学生的"未来企业家培育工程"，开启了浙江大学创新创业教育工作。"创新与创业管理强化班"学生毕业五年后创业率近20%，七成毕业生在毕业后认为强化班教育对个人职业发展或者创业中价值观形成和知识能力发展帮助巨大。其中包含了拼多多创始人黄峥——在一次与"新生之友"的谈心谈话中，一名计算机学院的本科生表示自己毕业后要利用所学进行创业，潘云鹤很赞赏，建议他要学习一点经济学知识，可以去请教著名经济学家姚先国教授，学生照做了。这个年轻人就是黄峥。谈起这段往事，潘云鹤笑得十分欢畅。

潘云鹤指导学生做科学研究

潘先生对人才培养的重视尤其体现在教材建设工作上，他说教材是国家事权，体现教育思想、理念和内容，课程是人才培养核心，决定人才培养质量。浙江大学人工智能研究所的一位教授对此深有感触，他2010年从美国加州大学伯克利分校访学归来见到导师潘云鹤，原以为老师会和他讨论人工智能前沿技术话题，"没想到

"新一代人工智能系列教材"编委成立会合影（前排中为潘云鹤）

潘老师首先问的是：美国那边他们开设了哪些好的人工智能课程？你带回来好的教科书没有？"这让他又是惊讶、又是感佩。潘云鹤院士主编了普通高等教育"十五"国家级规划教材（面向21世纪课程教材）《计算机图形学：原理、方法及应用》，推动人工智能与图形学交叉。2018年，潘云鹤先生担任了高等教育出版社组织的"新一代人工智能系列教材"编委会主任，编写出版了具有中国特色的人工智能系列教材，并且要求每本教材开设在线课程。目前，所出版教材对应的在线课程已经陆续成为国家级线上课程，为计算机领域人才培养工作做出了巨大的贡献。

## 学科交叉放活力，勇闯"无人区"

1991年，潘云鹤收到一封特殊的回信，至今收藏于浙大档案馆。写信人是时年80岁的钱学森先生。钱老亲笔写了洋洋三页纸，赞赏浙大这位晚辈学者极具探索性的工作，即如何以形象思维来弥补逻辑推理之不足。钱老在信中以风趣的语言勉励潘云鹤："……而计算机只会'计算'，可以说笨透了，一点聪明都没有！我们的任务是找突破口！您指出了突破口，这了不起！"

钱老所言的"突破口"就是潘云鹤始终思考的如何对传统人工智能进行拓展，使其释放出活力，为此先后提出了形象思维、综合推理和视觉知识等理论和模型。这一方面研究将严格的形式化逻辑推理和良好的直觉化顿悟洞察结合起来，解决了传统符号主义人工智能方法难以处理视觉等形象知识的不足,有力支撑了与形象和直觉等有关的各种创造性思维活动。将综合推理应用于计算机美术软件及自动创作,对视觉元素等视觉知识进行组合和推理以生成新的图案,被诺贝尔奖和图灵奖获得者、卡内基梅隆大学人工智能教授希尔伯特·西蒙(H.A.Simon)评价为"所见过最好的计算机美术程序"。在潘院士的指导下,计算机学院团队将人工智能方法应用于考古、文物保护和艺术复原。在莫高窟、云冈石窟等21个省市的60余处文化遗产地和博物馆对文物进行数字化保护。"文物保护杰出贡献者"国家荣誉称号获得者、敦煌研究院名誉院长樊锦诗赞扬"浙大团队做了一件敦煌立刻就需要的工作",赞誉该团队为古老文物的"养颜人"。

勇闯"无人区",还体现在潘云鹤院士对中国新一代人工智能的探索与规划。2015年7月,潘云鹤院士提出了"人工智能2.0"这一全新战略构想,牵头向国家提交了一份《建议我国启动"中国人工智能2.0"重大科技计划》的建议书。这一建议书得到了习近平总书记和李克强总理等党和国家领导人高度重视,并给予了重要批示。2017年7月,国务院印发了《新一代人工智能发展规划》,这是我国发布的首个国家人工智能发展战略规划,提出了面向2030年我国新一代人工智能发展指导思想、战略目标、重点任务和保障措施。人工智能2.0刻画了人工智能全新的技术形态和创新应用,是中国在这一领域提出的独立见解,在国际上树立了话语权,彰显了中国科技自立自强的意志。

## 致力于打造"知识无边界"

"我们要让任何人任何时候在任何地方可以访问任何的知识。"2001年,潘云鹤院士与美国图灵奖获得者拉杰·雷迪联合发起了"中美百万册数字图书馆国际合作计划",随后又衍生出"高等学校中英文图书数字化国际合作计划"(CADAL)。截至2020年,CADAL数字图书馆已数字化图书280多万册,数据容量逾1.5PB,年均访问量逾2.5亿次,已成为世界上最大的公益性数字图书馆,为全世界人民知识获取做出了重要贡献。潘云鹤院士非常喜悦,专门赋诗一首:"万物数化,有容乃大;海纳百川，源源不断；鱼游浅水，矿藏深处；云生于海，风起波澜"，阐明了数据海的特点和意义。随着数字图书馆的建设，潘云鹤院士认识到数字图书馆要升华到智慧图书馆和知识中心，以高质量的信息技术支撑知识经济、智能城市和人类创新活动。

中美百万册数字图书馆国际合作计划（右五为潘云鹤）

在潘云鹤院士的倡导下，中国工程院于2012年3月启动了为期9年的中国工程科技知识中心项目，其目标是让数据聚集在一起，变成大数据，然后再把大数据变成知识，为人类提供知识服务。同年5月，联合国教科文组织总干事伊琳娜·博科娃女士应邀专程到浙江大学听取了关于CADAL数字图书馆和知识中心建设情况的汇报并指出："中国工程科技知识中心项目的设计理念同UNESCO的发展和工作理念有很多相同之处。浙大计算机技术团队在数字图书馆及知识中心建设方面所展现出来的能力和水平令我印象深刻。"

为了加快推进实体经济和人工智能的深度结合，推动我国产业转型升级、经济高质量发展，在OpenKS（知目）知识计算引擎基础上，潘云鹤提出了产业链接智能化、产品创新智能化和经济调节智能化等思想，赋能实体经济高质量发展。

## 潜心教书育人，做学生的引路人

"图灵大讲堂"是浙江大学为计算机基础学科拔尖人才培养班级开设的系列高水平讲座。2019年12月7日首期讲座在玉泉校区报告厅开讲，潘院士是图灵大讲堂的开讲嘉宾。他在讲座中勉励大家要积极思考几个问题：如何创造出智能产品，如何成功创造出新的智能应用系统，如何让社会治理增加智能。他用亚马逊公司与大渡河水电企业的鲜活例子阐明了人工智能与已有产业结合的巨大潜力，并热切地

2019年，潘云鹤院士在"图灵大讲堂"解读"人工智能2.0与数字经济"

希冀同学们能够使人工智能技术同更多的产品相结合,进而创造各种各样新的产业链。

人工智能研究所的老师们认为:"潘老师的大脑就像一台不知停息的机器,总是不断闪现出思维火花。每当有了新点子,哪怕时间很晚了,也会给我们打电话讨论,越讲越兴奋。这种时候,我眼前就会浮现出潘老师陶醉的神情,他沉浸在新知带来的激动喜悦中。"

"我从1973年开始信息科技的研发……体验了党是如何领导我国科教人士,排兵布阵、攻关拔寨,取得节节胜利……因此今天的殊荣也应该属于在党的领导下为科学研究、人才培养和创新引领做出贡献的每一个科教工作者。"这是2021年6月15日举行的浙江省科学技术奖励大会上,中国工程院院士、浙江大学教授潘云鹤被授予浙江科技大奖时的发言。潘院士是如是说的,也是如是做的。

为奖励在人工智能科技教育领域取得杰出成就的师生,继续为推动人工智能科教发展做出贡献,2021年,潘云鹤院士捐赠成立了潘云鹤人工智能科教基金。他在捐赠仪式现场表示,中国人工智能发展的关键是人才,应该扩大人才数量,提升人才培养质量,丰富"人工智能+X"的人才类型。希望能以基金成立为契机,推动人工智能人才培养,为把中国建成人工智能人才大国和强国、人工智能人才教育创新之国贡献力量。

这就是我们的导师潘云鹤院士,这就是我们心中的求是大先生应该有的样子。

作者简介

庄越挺,浙江大学计算机科学与技术学院计算机应用专业1998届博士研究生,现为浙江大学求是特聘教授,省部共建人工智能协同创新中心主任。

吴飞,浙江大学计算机科学与技术学院计算机应用专业2002届博士研究生,现为浙江大学求是特聘教授,浙江大学人工智能研究所所长。

耿卫东,浙江大学计算机科学与技术学院计算机应用专业1995届博士研究生,现为浙江大学计算机学院教授。

人物名片

邵培仁(1953—　)，江苏淮安人，中共党员，浙江大学传媒与国际文化学院教授、博士生导师，曾任浙江大学传播研究所所长、人文学院副院长、传媒与国际文化学院党委书记、人文学部副主任，浙江省传播学重点学科学术带头人。荣获第六届范敬宜新闻教育奖良师奖。

# 中国特色传播学的先行人

# 邵培仁

2004年的那个夏天,我在北京的集体宿舍接到了一个陌生的电话。"袁靖华吗?我是邵培仁,打了好多电话,终于找到你了!你被录取了啊!抓紧到浙大办理报到注册手续,截止时间快到了。"那年4月,我到杭州参加浙大的博士生招生考试,因行程匆忙,丢了手机,学校招生老师联系不到我,幸得邵老师记挂在心,打了十几个电话找到我宿舍的座机号码,我才不至于错失入学浙大的机会。自此,我成了邵门的一位弟子,在老师身旁学习,近距离、全方面地了解这位中国传播学界最勤奋的垦荒者、第一代中国传播学大家。

袁靖华与导师邵培仁合影

## 坚守初心，学术报国的探路者

邵培仁先生的传播学研究有一个特点，那就是特别有中国特色。对中国特色的坚持，是先生在学术道路上的初心，也是他坚持学术报国的实际行动。

这份坚持的原始力量，来自邵老师的父亲。1953 年，邵培仁先生出生在江苏淮安楚州。父亲邵长松是参加过抗战的老干部，老先生能文能武，单枪匹马英勇擒敌的事迹被写入了淮海革命老区的识字课本，但日常生活中也是个能静得下来的人，爱看书，也会自己写写文章。[1]邵老师不止一次提及父亲对他在思想、生活、学业方面的影响，也常说起父亲临终前用尽全身力气的一句叮嘱："要听党的话，要将红旗扛到底，不要让妈妈穿有补丁的

邵培仁的父亲邵长松旧照

---

① 何扬鸣. 邵培仁：在西子湖畔打出传播学的一面旗帜[M]//浙江大学新闻传播学科发展口述史. 杭州：浙江大学出版社，2017.

衣服。"家风相承,邵老师和父亲一样,成了当地有名的孝子。父亲上战场拿枪,下战场执笔,邵老师更是以笔为枪,"用文字阐释中国",为传播学研究打下属于中国的一片天地。

早在1995年,邵培仁先生就撰文探讨了中国传播学的三个基本问题:传播学研究为何要有中国特色、怎样叫有中国特色、怎样才有中国特色。[①]他花费大量时间查找文献,悉心梳理,去芜存菁,最终将本土传播学的研究路径归纳为"六大主义",即验证主义、寻根主义、融合主义、问题主义、改良主义和创新主义。[②]这"六大主义"实则是"六条道路",但究竟哪条道路才能带领中国的传播学摆脱盲从西方学界的命运,建立起自发自强、创新取胜的学术高地呢?先生的答案是:哪一条都不能,每一条也都能。任何主义脱离中国的现实都是无源之水、无本之木,但若能与中国历史和现实紧密结合,便是条条大道通罗马。在做了大量实证分析之后,他得出了一个重要结论:"本土化是中国传播学创新原动力!"[③]

随后,先生沿着这条极具中国特色的道路潜心研究,笔耕不辍。独立撰写和主编了《政治传播学》《艺术传播学》《新闻传播学》等6本著作,构建起了一整套传播学边缘学科和交叉学科的学科体系。[④]基于对中国本土传播学理论的持续寻根,先生

邵培仁著作汇集

---

① 邵培仁.论传播学研究的中国特色[J].徐州师范学院学报(哲学社会科学版),1995 (3):62-64.
② 邵培仁.传媒的魅力:邵培仁谈传播的未来[M].北京:首都经济贸易大学出版社,2014.
③ 邵培仁.传媒的魅力:邵培仁谈传播的未来[M].北京:首都经济贸易大学出版社,2014.
④ 王怡红,胡翼青.中国传播学三十年:1978—2008[M].北京:中国大百科全书出版社,2010.

逐步提出了"寻根主义""观味知""儒家传播思维""核心传播模式论""传播辩证论""传播受体论"等一系列理论概念与思维模型，具有思想奠基意义的"华夏传播理论"逐渐成形。2020年，《华夏传播理论》出版面世，这本承载了先生20余年心血的著作，是先生对其多年中国传播研究的一次大盘点，也是其学术报国的里程碑。"华夏传播理论"不仅在传播学领域推进了中华优秀传统文化的创造性转化，也为整个有中国特色的传播学理论思想夯实了根基。

## 开疆辟土，冲锋在前的扛旗手

无论何时见到邵老师，他总是微笑着，十分亲切随和的样子，但那方方正正的脸和神采奕奕的眼睛，却暴露了他骨子里的"战士"精神。他总是鼓励我们做学问要争第一，要勇于当第一个吃螃蟹的人。在先生看来，如果学术研究没有敢为人先的精神，创造过程就会蜕变为制造过程，学术就不可能有真正的进步。[①]

邵老师这话可不是随便说说，他自己在学术道路上就是一路冲锋。1985年，他考入了复旦大学新闻学助教进修班攻读硕士课程，时任教师有王中、丁淦林、宁树藩、李良荣、周胜林等知名教授，也有居延安、祝建华等青年才俊。先生进了复旦可谓是如鱼得水，一有时间就去听各类名师课程和学术报告，向老师们请教交流。还常常拉着同窗就各种传播学问题进行探讨，颇有"恰同学少年，风华正茂"，"指点江山，激扬文字"的味道。

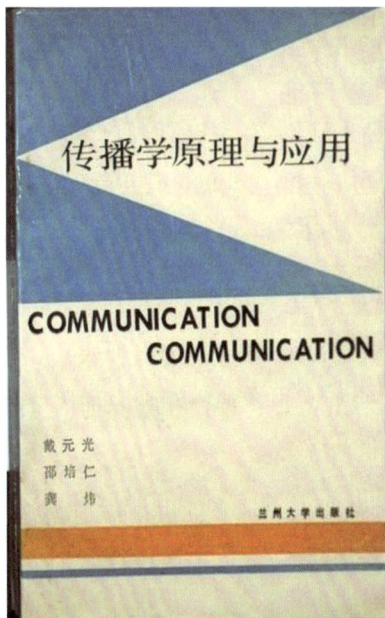

《传播学原理与应用》

---

① 吴筱颖.喜欢做前人没做过的事——访浙江省有突出贡献的中青年专家邵培仁教授[N].浙江大学报，2004(6):4.

我在读邵老师的口述史①时，发现了他读书时的一件趣事。有一次，先生又与同室好友戴元光、龚炜"华山论剑"，争得面红耳赤却分不出个胜负，先生突然大声说道："别吵了，有种的写本书出来！"说完自己也愣住了，三人面面相觑了一会儿，旋即笑出声来。多妙的主意啊！刚刚还争得面红耳赤的三个人一拍即合，但又怕被同学们知道了嘲笑，于是哥仨偷偷摸摸查资料、买书、做笔记，利用课余时间进行写作，一听见敲门声就赶紧把与写书有关的东西都塞进抽屉里。这本书，就是后来高校新闻传播院系普遍选用的教材《传播学原理与应用》。

从这本书开始，先生一路开疆拓土，发表了360多篇学术论文，出版了34部著作。在坚守"中国特色传播学研究"不动摇的基础上，不断深耕，以惊艳世人的敏锐度、难以匹敌的创新度、叹为观止的速度，为中国传播学垦荒了一个又一个全新疆域：首创"整体互动传播模式"，率先提出"既有中国学术主体性又有世界元素和全球视野"②的"媒介地理学"的理论命题，又"开了国内媒介生态研究的先河"③，提出了具有中国本土理论自觉意识的"绿色媒介生态理论体系"，还接连提出地球村时代"人类整体传播学""新世界主义媒介理论""整体全球化"等具有中国特色的系列标识性概念，为传播学界点燃了一个个烛照未来的新火把，为推进构建人类命运共同体做出了学人的积极贡献……

2015年8月，"媒介理论三部曲"的最后一本《媒介理论前线》出版。从2009年到2015年，先生率领我们陆续出版《媒介理论前沿》《媒介理论前瞻》《媒介理论前线》三本著作，并在书中提炼诠释了36种最新锐的媒介理论与观念，剑指传播学发展的新趋势，也将冲锋在学术前沿的毅勇精神传递到了弟子们心中。

---

① 邵培仁.筚路蓝缕，以启山林[M]// 王怡红,胡翼青.中国传播学三十年:1978—2008.北京:中国大百科全书出版社,2010.

② 展宁.关于传播学交叉研究的路径思考——兼评邵培仁教授《媒介地理学》[J].山东理工大学学报(社会科学版),2011(4):79.

③ 崔保国.理解媒介生态——媒介生态学教学与研究的展开[J].中国传媒报告,2003(2):18.

# 培德启智，爱生如子的"邵老爸"

我们师门对邵老师有一个爱称——"邵老爸"。他常说："要像爱自己的孩子一样爱自己的学生，要像管朋友的孩子一样管自己的学生。"他是浙大校园里有名的"护雏老母鸡"。师门弟子都喜欢跟邵老爸聊天，学习上、生活上遇到了烦心事，跟邵老爸聊一聊，就能豁然开朗、云开雾散。大家说，只要邵老爸在身边，永远都是满满的正能量。

他鼓励我们要开拓创新，"学习不怕慢，就怕站"，做人做学问要"以善心待人，凭良心做事"，"要做精神富翁"。他经常不声不响就给弟子买一大堆书。我毕业后，有一天在书店偶遇了邵老师，因为许久不见先生，我便和他畅聊起来，全然没注意到邵老师已经默默替我将放在柜台上的书结了账。跟着这样一位导师学习，大家都忍不住感叹："这是人生的大幸福事。"

邵先生不仅是"慈父"，也是"严父"。邵门弟子谁都忘不了，入读邵门有一份特殊的"入学通知书"，那就是邵导的"入学考验通知"："假期多看书，开学时带两篇论文来报到、注册。"这一招被我们戏称为"金牌压力锅"。经此一压一激，开学不久，经先生修改回炉的文章就常有发表，新入门的弟子士气大振，其他同学对邵门的"学术高产"也是羡慕不已。"好马不鞭自奋蹄"的劝诫被藏进了行动里，这就是先生充满智慧的育人之道吧。

先生跟我们闲聊时说过，他的名字寄托着父亲的殷切希望：要做仁厚之人，也要用仁爱之心教育和培养人才。我想，先生是绝没有辜负父亲的殷切期望的。他自觉担当起了发展中国新闻事业这一国之文化重器的历史使命，也肩负起了教育和铸造国家的栋梁人才的重大责任。任教40余载，先生育人无数。他指导的硕士、博士、博士后，仅名单就记了整整21页，其中许多人都已成为各行各业的中流砥柱。而要说起受过邵先生影响的学生，那可就不止21页了。先生将教材视为人才教育培养的基础，出版了6种国家级、省级教材。其中，《传播学》作为教育部"面向21世纪课程教材"迄今已再版3次，总印数达36.4万册，被全国270余所高校选用。其将教育实践与研究相结合的教学成果也屡获国家教委和省优秀教学成果奖。

邵培仁教授(中)与学生合影

先生还特别注重新闻传播学的学科体系规划和教学革新。任职杭大新闻系副主任时，他就大刀阔斧地进行教学改革，提出要以"三新"——新计划、新课程、新教材为特色，以"宽、交、专"兼备，知识、能力、素质并重为人才培养目标，革新新闻传播本科教学计划，①推出"金字塔式课程建设模型"等教学成果，让杭大和浙大的新闻传播教育引领了全国新闻传播学系风气之先，引得全国高校新闻系纷纷前来取经。②他历任浙大人文学院副院长、传媒与国际文化学院党委书记、人文学部副主任等职，营建完善浙大新闻传播学科的本、硕、博培养体系，推动学科成为中国新闻传播学研究中极有特色的"浙江学派"③，并率领全院获立国内最早的传播学硕士点，建成新闻传播学一级学科博士点和博士后流动站。

邵培仁教授在学术会议上致辞

①邵培仁,颜洽茂.新世纪高质量文科人才培养模式新探——以浙江大学竺可桢学院文科综合班培养方案为个案[J].中国成人教育,2004(12):23.

②何扬鸣,邵培仁:在西子湖畔打出传播学的一面旗帜[M]//浙江大学新闻传播学科发展口述史.杭州:浙江大学出版社,2017.

③陈江柳.立足本土 走向整体 走向世界——略论邵培仁及其传播学研究的中国化探索[J].东南传播,2021(4):9.

2018年，先生荣获第六届范敬宜新闻教育奖良师奖，他是浙江大学建校以来首位获此殊荣的教师。我们师门都特别高兴，觉得这项荣誉对邵老师来说绝对是实至名归。他是浙大师生评出来的求是大先生，也是我们弟子心中可敬可佩的"师父"。

邵培仁教授(右二)参加2018年第六届范敬宜新闻教育奖颁奖典礼

作者简介

袁靖华，2017年毕业于浙江大学人文学院新闻传播学系中国现当代文学专业(影视传播方向)。现为浙江工业大学人文学院广电系教授，未来媒体研究院执行院长。

## 人物名片

许钧(1954— ),浙江龙游人,中共党员,著名翻译家、翻译理论家。浙江大学文科资深教授、浙江大学中华译学馆馆长;现兼任中国翻译协会常务副会长,曾兼任国务院学位委员会外国语言文学学科评议组召集人、全国翻译硕士专业学位教育指导委员会副主任等;担任 Meta、Babel、《外语教学与研究》、《中国翻译》等十余家知名学术刊物的顾问或编委。荣获"法兰西金棕榈教育勋章"和"翻译事业特别贡献奖"。曾获"宝钢优秀教师特等奖"。

# 教师的本心，
学者的情怀

# 许 钧

## 学而不厌

2022年1月16日傍晚，我改完试卷后去找许钧教授，约好和他到学校食堂一起用晚餐。当时学校已经放假了，整个东五教学楼静悄悄的。我走到许钧教授的办公室窗前，透过玻璃发现他正低着头专心致志地读着一本书，他没有听到我的脚步声，我也没忍心打扰他，隔着窗户偷偷拍了一张照片，又静静地等待了好一会才走进去。定格的这个画面不妨视为许钧教授喜欢读书的一个注脚，我印象很深刻，也很向往这种静心读书的境界。

作为一名高校教师、一位著名翻译家和翻译理论家，40余年来许钧教授从来没有停止过读书、翻译与写作，不断积累，不懈探索。在浙江大学外国语学院高层学术论坛上，许钧教授做了题为"在平凡中追求卓越"的主旨发言，深深感动与感染了参会的每位师生。他说："这几十年来，我每天最少要写一千字或者翻译一千字，我们

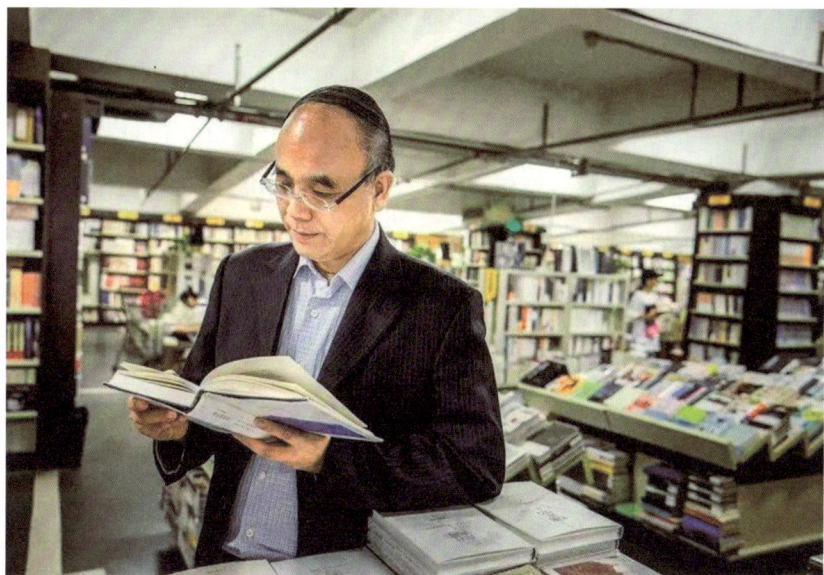
许钧教授在看书

可以算一下，每天一千字，一年就是三十多万字，十年就是三百多万字，四十年就是一千二百到一千三百万字。我毕业差不多四十七年了，应该在一千四百万字左右，如果加上著述，差不多就是这个数字。我不是跟大家在数数，而是想告诉大家，这是靠每天一千字不断积累起来的结果。这项工作是雷打不动的，哪怕生病，哪怕过节，每天我都在坚持完成。"

翻译是最深刻的阅读，写作以阅读为前提。对于一位人文学者而言，没有海量的阅读，怎会有如此丰厚的产出？其实，不管是翻译还是写作，都是深度学习的过程。许钧教授几十年如一日，学而不厌，坚持不懈，坚韧不拔，一路向前。学术大师就是这样诞生的。

## 诲人不倦

许钧教授在多个场合说过，他这一辈子以翻译为生，做翻译、教翻译、研究翻译，三位一体，实为至福。在教翻译方面，许钧教授倾注了大量心血，成绩卓著，他培养的博士生有两人毕业论文获评全国优秀博士学位论文，很多已成为翻译学界的中坚力量。在培养学子的过程中,他特别强调坚实的学术功底与扎实的翻译能力。多少年来,许钧教授坚持给法语专业的本科生和翻译硕士研究生上课。他主讲的"翻译通论"的研究生课程,每次授课学生都很期待,也常有同事与校外教师赶来旁听。他讲的第一讲"翻译是什么",我至少听过五次。何为译?译何为?为何译?他的"翻译三问",一气呵成,有思想、有理念、有路径,一次又一次地点燃师生的翻译梦想,激起我们的探索热情。因为热爱,所以用情至深。记得有一次,他给法语专业的本科生讲翻译课,我恰好路过,就在教室外偷偷地听了一会,当他讲到国内某位著名法语翻译家刚去世的时候,他不由自主地哽咽了,流泪了。

2021年9月24日,许钧教授在给翻译硕士生上课

　　许钧教授还把自己的教学经验、自己的翻译体会以及自己的研究成果编入教材,以惠及更多师生。他主编的《法汉翻译教程》被评为2011年普通高等教育精品教材;《法国当代翻译理论》为教育部研究生工作办公室推荐使用教材;《翻译概论(修订版)》荣获首届全国教材建设奖全国优秀教材一等奖。这些优秀教材也是他育人精神的反映。

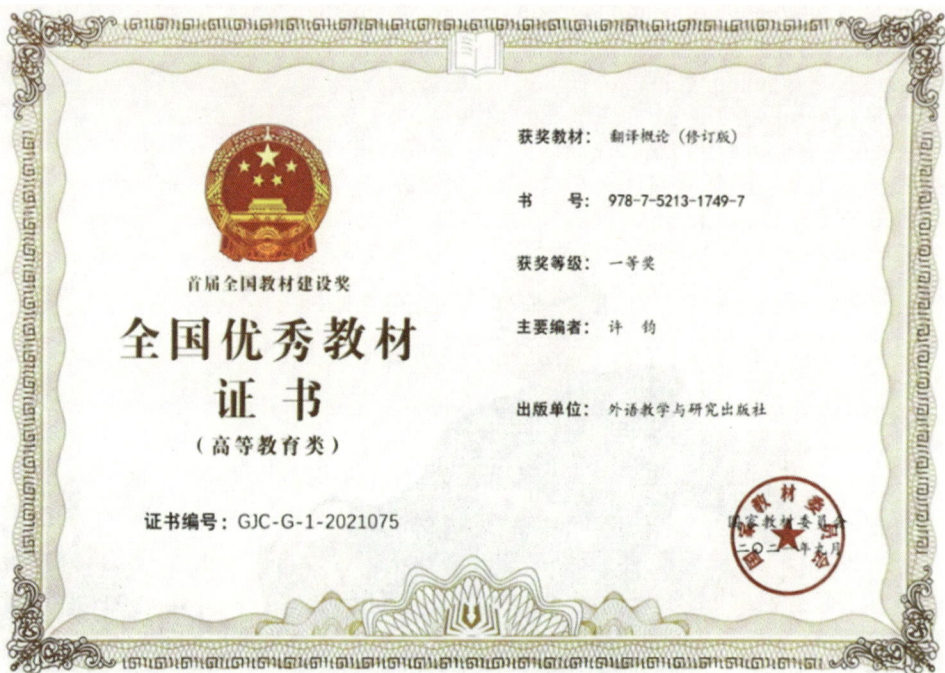

许钧教授所著《翻译概论(修订版)》获奖证书

## 丰富校园文化

许钧教授认为,一所高校要有深厚的文化底蕴,校园文化建设很重要,学生的成长离不开人文的熏陶,也离不开精神的指引。在这方面,许钧教授身体力行,邀请了众多著名作家、翻译家、学者到浙大讲学、交流,为浙大校园文化建设做出了重要贡献。2016年9月,许钧教授加盟浙江大学,在四个月之前,他协助浙大邀请了两位诺贝尔文学奖获得者——法国的勒克莱齐奥和中国的莫言为浙大师生做了一场"文学与教育"的对话,并亲自担任勒克莱齐奥的法语翻译。随后他又先后邀请勒克莱齐奥、阿多尼斯(阿拉伯著名诗人)、余华、苏童、毕飞宇、韩少功等作家,顾彬、林少华、杨武能、郭宏安、谢天振、王克非、黄源深、王宁、曹明伦、朱振武、马爱农、袁筱一等翻译家与翻译理论家前来浙大讲学。许钧教授自己也会参与进去,如与诗人阿多尼斯、苏童等人的对谈在师生中反响很好。在他的推动下,毕飞宇还受聘为"浙江大学求是讲座教授",为浙大师生带来了一场又一场公开讲座。

2019年4月5日，许钧教授主持余华讲座并与之对谈

关于校园文化建设，许钧教授并不限于把这些人"请进来"，自己也积极投身其中，多次为浙大师生做公开讲座、接受学校相关部门采访、参加学校和学院组织的各种文化交流活动。这为浙大校园文化建设增添了活力，增强了浙大的人文氛围，对丰富学生的精神世界、提高学生的人文素养大有裨益。

## 扶持青年教师

2018年11月，"新时代中国文学译介与传播高峰论坛暨浙江大学中华译学馆成立仪式"在浙江大学隆重举行。在闭幕致辞中，许钧教授深情地说，"青年学者是我想继续走下去的动力"，这句话我至今记忆犹新。在许钧教授担任总主编的"中华译学馆·中华翻译研究文库"的总序中，他还写道，"青年学者是学科发展的希望，我们特别欢迎青年翻译学者向本文库积极投稿"。他把希望寄托在青年教师身上，竭尽所能地扶持青年教师的学术成长，我感触很深。

2015年的某一天,许钧教授打来电话,让我写一篇文章,题目都给我定好了——"《红楼梦》的译介之路与阐释空间"。他一直在给《小说评论》组稿,后来这篇文章就在那里刊发了。这件小事让我挺感动的。作为一名青年翻译教师,我在教学与研究中曾遇到过一些困惑,这些困惑在青年教师中普遍存在,于是我就萌生了以采访的形式请教许钧教授的念头,以为青年学者指点迷津。他听后欣然答应,后来《青年学者如何做翻译研究——许钧教授访谈录》就面世了(载《中国外语》2018年第4期)。很多读者对我说读后很受启发,有种豁然开朗的感觉,这些都得益于许钧教授的言传身教。许钧教授还委托我组织过"中华翻译研究青年学者论坛"(2021年11月)的学术会议,那种信任是无条件的,完全尊重我的选择与安排,他说他就想看到我们青年学者快速成长,打开自己的一片天地。

许钧教授以各种形式扶持的青年教师数不胜数,不只是翻译教师,也不只是法语教师,更不只是浙江大学外国语学院的青年教师。他着眼于整个翻译学科,在全国范围内培养新一代的学术力量。

## 一辈子倾心于翻译学建设

翻译是一项古老的活动,翻译学却是一门非常年轻的学科。翻译学之所以能在国内成立并发展为外国语言文学一级学科的支柱性学科之一,很大程度上得益于许钧教授等前辈学者的奔走呼吁。2000年之后,国内翻译本科专业以及翻译硕士专业学位的设立从试点到大规模展开都离不开许钧教授等一批热心于翻译学建设的专家学者。

许钧教授目前兼任中国翻译协会常务副会长,曾兼任国务院学位委员会外国语言文学学科评议组召集人,全国翻译硕士专业学位教育指导委员会副主任等重要职务,他一直在呼吁国家和社会要高度重视翻译,要充分认识到翻译的建构性力量、翻译在国家建设与发展中的战略意义以及翻译在人类文化与文明互学互鉴中的重要作用,借用季羡林的话就是"翻译之为用大矣哉"。

许钧教授著译等身,他撰写的多部专著影响深远,滋养了无数译界学人。其中,

《傅雷翻译研究》获第八届高等学校科学研究优秀成果奖一等奖,《改革开放以来中国翻译研究概论(1978—2018)》获浙江省第二十届哲学社会科学优秀成果奖一等奖,《文学翻译批评研究》获第三届许国璋外国语言研究奖二等奖。所著《文学翻译的理论与实践》被列入中华学术外译项目,英语版已经出版,《翻译概论》于2022年再次入选中华学术外译项目推荐书目。屡屡获奖证明了著作的学术分量,一版再版说明了著作的受欢迎程度。此外,许钧教授翻译的《不能承受的生命之轻》《诉讼笔录》及《追忆似水年华》(卷四)等文学名著广受欢迎,成为学界的研究对象;他撰写的300余篇学术论文与报刊文章注重思想性、艺术性与引领性,很大程度上推动了中国翻译学科的健康发展。

## 一颗心献给了中华译学馆

许钧教授正式入职浙大后,他就开始着手思考并准备筹建中华译学馆,经过一年多的充分准备,浙江大学于2018年成立浙江大学中华译学馆,由许钧教授任馆长,并把其宗旨确定为"以中华文化为根,译与学并重,弘扬优秀文化,促进中外交流,拓展精神疆域,驱动思想创新"。

中华译学馆成立后,许钧教授策划举办了系列活动,平均每年主办两次学术会议,如"新时代文学翻译的使命——文学翻译名家高峰论坛""新时代中国文学译介与传播高峰论坛暨浙江大学中华译学馆成立仪式""当代英美文学翻译研究高峰论坛"等;邀请了众多著名作家、翻译家来浙大讲学;组织策划了系列翻译与翻译研究丛书,目前已出版的共计有100多部,如"中华译学馆·中华翻译研究文库""中华译学馆·中华翻译家研究文库""中华译学馆·中华翻译家代表性译文库";征集、整理与研究了中外著名作家、翻译家、学者的手稿,目前已卓有成效,如勒克莱齐奥、钱锺书、萧乾、余光中、许渊冲、郑克鲁等人的(翻译)手稿或书信已被中华译学馆珍藏。各项引领性的工作以及丰富、扎实的活动稳步推进,使中华译学馆成为国内外著名的学术与文化交流机构,赢得了广泛的学术和社会声誉。

新时代中国文学译介与传播高峰论坛暨浙江大学中华译学馆成立仪式合影（前排右十为许钧教授）

作为中华译学馆的一名成员，我有幸协助许钧教授参与了中华译学馆的筹建以及后期开展的各项工作。许钧馆长高瞻远瞩，细心周到，为之操碎了心，这一切我都看在眼里，记在心中。

许钧教授代表着一种育人与治学的精神、一种榜样的力量，无愧"求是大先生"之称！

作者简介

冯全功，现为浙江大学外国语学院副教授、浙江大学中华译学馆成员。（部分图片由何文忠提供）

人物名片

杨华勇（1961— ），重庆市人，无党派
人士。1982年毕业于华中工学院（现华
中科技大学），1988年获英国巴斯大学
博士学位。现任浙江大学工学部主任，
浙江大学高端装备研究院院长，中国机
械工程学会副理事长。在电液控制基础
理论，基础元件和系统，以及盾构和电
梯装备关键技术开发和工程应用方面

开展了系列研究，形成了"理论—元件
—系统—装备—应用"完整的技术路
线，对我国机电液装备的自主研发做出
了重要贡献，取得了显著的经济效益。
获国家科学技术进步奖一等奖和二等
奖各1项、省部级一等奖4项。2013年当
选中国工程院院士。

# 助力华夏科技兴，
勇担求是育人责

# 杨华勇

寻科研真理，攻克核心技术之难，为科技强国尽己力；传求是精神，立足学校建设之本，为学院发展寻道路；登三尺讲台，心怀教书育人之责，为学生成才明方向。这便是学生心中求是大先生的典范。我心目中也有这么一位大先生，他爱国，荣校，强院，育人，他就是中国工程院院士、浙江大学机械工程学院院长杨华勇老师。

盾构机拓展地下一方新天地，生物打印探索生命系统奥秘。一个是大块头，在泥土中开拓城市脉络，这是国家之需求；一个是精细活，从细胞开始搭建人工器官，这是生命的希望。肩负国家重大需求的使命，探索人类命运发展的前沿，这是先生作为学者的担当与追求。浙江大学机械工程学院下设4个系、9个研究所，建有2个国家重点实验室，现有教职工205人，在读学生近2000人，如何团结带领历史悠久、实力雄厚的院系紧跟时代，谋求高质量发展，这是先生作为学院大家长的职责与担当。

顶级学者值得我们敬仰，但不像象牙塔上的星星遥不可及，老师更像照亮学生前进方向的太阳。教室里总能看到先生的身影，自1989年来浙大工作起，先生坚守教学一线30余年，三尺讲台是其不变的信仰，指导研究生超过百余人，为党育人，为国育才，将求是创新之精神、科学严谨之态度、研究探索之方法传授给每一位学生。言传身教，知行合一，这是先生作为一名普通教师的坚守与责任。

## 初入求是园，懵懂新生困惑多

我是机械工程学院2021级的一名直博生，翻看新生指南手册时学习了校史、校歌，也记住了浙大"求是创新"的校训，但总觉得离深刻理解还有一定的差距。如何成为一名真正的浙大人，将浙大精神融入个人成长，成了我入学后第一件思考的事情。《新生指南》贴心地将研究生轨迹划分为12大步骤，从入学到毕业。相信每位同学都和我一样在入学伊始便立下志向，一定要关关通过，顺利走到终点站——毕业。但我看了看最为关心的学习科研关卡，提示只有一句话，"求是园的生活开始了，加油！"，只好默默感慨，如此重要的环节，一句话不足以说尽其中奥秘，还存在很多未知与挑战。

实话实说，新生入学除了欣喜与激动，带着上述问题还是会感到迷茫的。新校园、新环境、新开始，求学之路如何走？直到在杨华勇老师的课堂上，我找到了答案！

## 开学第一课，先生课堂获答案

开学选课时，我问实验室师兄有没有推荐的课程，师兄首先向我推荐的便是杨华勇老师的课——机电系统案例分析与设计。当时我问了一个问题："是杨老师亲自授课吗？"当得到了肯定的回答后，知道了杨老师一直坚持在教学科研第一线，这令我格外地惊喜与激动。因为在固有的印象中，作为一名普通学生，能接触到学术界顶级的学者是天方夜谭，能聆听到院士讲座都是万分幸运的事情了，更不敢想象能有机会在教室里听上整整一学期的课。这是多么棒的经历！

开学第一课是在周三的中午，夏日午后容易打瞌睡，但那一节课我格外精神，因为杨老师所讲恰好解答了我对于研究生生活的疑惑，那节课也成为《新生指南》的重要篇章。说到这儿，大家是不是也好奇杨老师讲了些什么使我受益匪浅？下面就和大家分享一下听课的心得体会！

上课开始，杨老师在黑板上写下"研究生"这三个字，又接着问我们认为研究生的状态应该是怎样的。同学们给出了"要写文章""要发专利""研究生第一年要上课"等答案，杨老师说："论文是要做出来的，先是做科研项目，然后才是写论文。同时，大家要认识到上课只是一部分，尽早进入科研的状态是很关键的。"杨老师又提到，研究生阶段的时间是自由的，也带来了新的挑战，如何合理分配个人时间，把握好科研的进度非常重要。

随后谈及如何做科研，应当注意什么。在杨老师的指引中，我看到了今后学习科研的目标与方向。杨老师也会和我们讲学校的发展目标以及学院系所的组成。如何开展科研？那便要秉承求是创新的科研精神，不畏困难，执着探求真理。课程过后，我的本子上已经记了很多内容，收获颇多！在先生的课堂上，我找到了求学的答案——如何做一名合格的浙大人，爱校荣校，心怀为国家事业尽己力的追求。

2021年秋季学期，杨老师授课"机电系统案例分析与设计"

# 心怀学者使命，投身国家建设

随着课程的推进，杨老师向我们介绍了团队的科研方向——盾构机和生物3D打印。对于"盾构机"这个词大家可能感到陌生，但说到穿江越洋、钻山入岭的隧道，城市底下四通八达的地铁，那就无人不知、无人不晓了。盾构机就是这个地下空间的"开路巨人"。课堂上杨老师讲到天津地铁经过瓷房子，那是天津标志性景点，由瓷器建成，价值无法估量，地铁隧道从它下面经过，对盾构机掘进技术要求极高，如何确保地面塌陷在标准范围内是非常难的，杨老师带领的科研团队便承担起这项艰难的工程任务并顺利完成。

杨老师提到的这条地铁线我再熟悉不过了，本科时多次乘坐，但我从未考虑过地铁隧道是如何在地下形成的。直到聆听了杨老师的课，才知道原来在我们的日常生活中，便捷交通的背后离不开艰巨的工程项目和一项项科研难关。杨老师说，一台进口的直径6.3米的普通地铁盾构机价格是6000万元人民币。"为什么这么贵？因为我们自己没有。"在盾构机领域，外国起步早，垄断的技术、高昂的报价，都是横亘在我们面前的挑战。

电液驱动、推进和控制系统，是盾构机的"心脏"，也是国外技术封锁最严的部分。2004年，杨老师带领团队研制出了具有自主知识产权的电液驱动和控制系统，但施工企业不愿意"冒险"。后来终于等来一个"机会"——上海地铁施工，一台"洋盾构"趴窝了。杨老师和团队到了现场，修好了"洋的"，却换上了"土的"，一启动，大刀盘开始正常发力，传送带上削下来的泥沙缓缓吐出……之后，杨老师带领的高校和企业联合科研团队，摘取了2012年度国家科学技术进步奖一等奖。最重要的是，盾构机的"中国设计中国制造"，打破了"洋盾构"一统天下、我国隧道施工受制于人的局面，中国进入盾构装备设计制造先进国家行列。听到这儿，一种民族自豪感油然而生，当时我就在想，将科研者的梦想与国家复兴的伟大目标结合起来并为之奋斗，是多么值得钦佩与学习的啊！

盾构机在城市的地下奋力工作，为城市交通建设做出不可估量的贡献。地铁站里人来人往，搭载着每个追梦人到达他们的终点站，这离不开科研人员一次次攻坚

杨华勇

克难的试验，他们的梦想是用技术的力量托举起我们国家的复兴。科研人也是追梦人，但追真理之梦的路上永无终点站！

　　杨老师科研的脚步也从未停歇，除盾构机外，近些年也将目光聚焦于另一科研领域——生物3D打印。相信在杨老师的带领下，会有更多学生选择将此领域作为研究方向，进一步在前沿科技领域深耕。

杨老师(左)在盾构施工作业现场

## 做学生心中暖阳

　　还记得第一节课时杨老师问我们会做PPT吗，我们异口同声地回答说会。但在之后的课程里，在进行了15次学术汇报后，通过一次次的课堂展示与老师指导，我才真正意识到做好一场学术汇报需要广泛阅读文献，在实验中积累，从简入难，做有深度、有创新的研究，才能做出一份逻辑严谨、内容充分、细节清晰的PPT。先生不仅是知识的教授者，也是聆听者，会倾听我们的答案并给出宝贵意见，这样的课堂是生动的。

杨老师现在带着一支由教授、副教授、研究人员和研究生组成的规模不小的团队。他说："我有时候是软硬兼施，逼着年轻老师和研究人员出去多跟企业合作。都知道坐在计算机前面比在工程现场舒服，但做事需要现场感。"

"去过现场磨炼的研究人员和学生变化很大，他们不再是'抄图工'，在现场发现问题，回到实验室找答案，这个过程培养出来的人更厉害。"杨老师说。

有一次杨老师上午还在外地开会，为了赶回来给我们上课，中饭都来不及吃。在一学期的课程中，杨老师扎实的学术素养、开阔的科研视野、前瞻的创新思维深深影响着我。即使工作再忙，他也坚持为学生开设学科导论课，通过讲述团队如何突破国外技术封锁的故事，让同学们领悟中国学者打破"洋盾构"一统天下局面的不懈努力，在"参与大团队、大平台、大项目，让青年学子在海陆空天地，为国铸重器"的学科使命中激发学习的动力，树立报效祖国的理想信念。

杨老师像是学生心中的暖阳，用言行教会我们求是之真理。

杨老师(中)与学生在盾构实验台前合影

杨华勇

211

作为一名新生，来到学校才半年时光，实不足以写全先生对历届学生的影响，但在年终总结时，毕业的师兄师姐来分享感悟，无一不提及先生在科研之路上给予的帮助与引领。先生将科研精神播撒在一届又一届学子的心中，这种影响是深远的。我们从五湖四海而来，为科研梦想相聚于浙江大学，凝聚在机械工程学院，也将在先生的指引下成长为一名合格的浙大人，以先生为榜样，将求是创新之精神写在祖国大地上。这便是我心中秉持教书育人初心、心系学科发展的求是大先生。

　　先生是学术的探索者，攻克卡脖子难题；是学院的领路人，为国储才树栋梁；更是学生的引领者，教书育人是坚守。刻板印象中，顶级学者像是象牙塔顶尖上的星星，是遥不可及的，但我现在对求是大先生的内涵有了新的理解，他们除了是科研领域的顶级学者，更难能可贵的是坚守教书育人的初心。

作者简介

邓闰祎，浙江大学机械工程学院机械电子工程专业2021级博士生。

韩冬，浙江大学机械工程学院机械电子工程专业2014届硕士生，2020年11月作为"百人计划"研究员加入浙江大学机械工程学院杨华勇院士团队。（负责材料整理）

人物名片

刘海涛(1962—  ),山西临县人,中共党员,浙江大学求是特聘教授、博士生导师、国际世界语学院院士,教育部长江学者特聘教授。国务院政府特殊津贴获得者,国家社科基金重大项目首席专家,连续八年(2014—2021年)入选爱思唯尔"中国高被引学者"榜单,12项研究成果获得教育部与省级社科奖。

# 学高为师，
# 身正为范

# 刘海涛

先生，自古以来是对有才学者的尊称。2021年4月19日，习近平总书记在清华大学考察时强调，"教师要成为大先生，做学生为学、为事、为人的示范，促进学生成长为全面发展的人"。[①]提起先生，我总会想起我读博士时期的导师——语言学家、国际世界语学院院士刘海涛教授。他专业精湛，身为典范，是一位让人心生敬仰之情的先生。

## 不忘初心，服务社会

很难想象，浙江大学外国语学院刘海涛教授20多年前曾是一家大型国企的副总工程师。1979年，17岁的他考入了西安冶金建筑学院（现西安建筑科技大学），主

---

[①] 习近平. 坚持中国特色世界一流大学建设目标方向为服务国家富强民族复兴人民幸福贡献力量[N]. 人民日报，2021-04-20(1).

修自动化专业。大学期间，刘先生对语言学产生了浓厚兴趣。在做好专业学习的同时，他利用课余时间在图书馆研读英文、德文等多种语言原著。1980年暑假，先生偶然看到新华世界语（Esperanto）函授学校的学习材料，被这种语言深深吸引，从此走上了世界语的研习之路。这一开始，几十年间从未间断。2016年2月，刘先生当选为成员总数只有45人的国际世界语学院院士，是该学院目前唯一的中国学者。

1983年大学毕业之际，面临留在都市深造还是下到地方发展的人生岔路口时，先生毅然选择了建设、服务社会的道路，成为当时到国家在建的最大铝冶炼企业青海铝厂报到的第一位大学生。在青海铝厂工作期间，他担任了车间主任、企业副总工程师等职。在业余时间，先生仍然埋头苦读语言学相关书籍。先生曾和我们说，那时候的他，每天吃完午饭后，便躺在车间后的麻袋上看书。长期昏暗的阅读环境对他的视力产生了非常不好的影响。但他并不以为意，开始着手相关语言研究。在职业生涯发生转变之前，先生已在学术期刊上发表了40余篇相关论文，涉及世界语及国际语学、语言规划与语言政策、机器翻译与计算语言学等多个领域。但这一切对先生来说，似乎还很不够。

2001年，先生39岁，已是教授级高级工程师。此时一个可以改变职业生涯的契机出现在他面前：是留在公司，继续过稳定舒适的生活，利用闲暇时间进行浅尝辄止的兴趣研究；还是跨界高校，将爱好变成工作，为国家的语言学研究贡献自己的力量？人生道路的又一分叉口出现了，而此次的选择更为艰难，对他的影响也更加深远。该如何选择？

在家人和师友的支持下，先生追随内心做出了抉择，一切归零、重新出发。他在自己的请调报告中说："我可以不带遗憾地离开这个我奉献了20年青春的边远之地了……成为一名职业的语言学家，为国家的人文研究留下一点探索和思考。"正如先生曾在浙大本科生的学业指鉴讲座中说的："人生选择应该结合社会需要与个人兴趣。"先生自身的传奇经历为这句话做了最好的诠释，那就是，人生选择要有不忘初心的信念，敢于突破的勇气和服务社会的决心。2002年9月，先生正式调入北京广播学院（现中国传媒大学）应用语言学系，开始语言学及应用语言学的教学研究工作。

2016年4月，刘先生接受媒体采访

## 不落窠臼，求是创新

　　跨界之后，20年间先生从未停下进取的脚步。2010年9月，先生受聘于浙江大学外国语学院，自此开始了在浙大的科研与教学之路。

　　语言研究的科学化与中国语言学的国际化一直是先生坚持的目标与宗旨。2015年，国家制定了统筹推进世界一流大学和一流学科建设的目标。如何建立世界一流语言学学科的问题，受到了学界的高度关注。在此背景下，先生提出，中国语言学建设的任务在于要采用科学的方法来研究语言，长此以往，语言学才能成为一门真正的科学。"与时俱进，求是创新，把握研究范式改变的大好机遇，抢占学科的发展先机，实现学科真正的国际化。"

　　顺应人工智能时代的潮流，响应大数据时代的号召，先生在浙大组建了一个具有"多学科+数据密集型"特点的创新型计量语言学研究团队，并取得了丰硕的成果。十年间，先生作为首席专家主持的"现代汉语计量语言学研究"是浙江大学获得的第一个跨学科国家社科重大项目，先生带领团队在国内外发表了200余项论著，获得10多项教育部及省级社科奖。先生连续八年（2014—2021年）入选爱思唯尔"中国高被引学者"榜单。这一榜单设置的初衷是"将最具世界影响力的中国学者呈现给学术界和公众"。

2018年4月,刘先生(后排左六)携团队部分成员与冯志伟先生(后排左七)合影

在2010年以前,每年以浙大外国语学院为署名单位发表的SSCI与A&HCI检索收录的语言学文章数量不多,现在已增长为年均发表20~40篇。同一时段中,浙大的语言学论文数量位列全国第一。

2008年,刘先生采用20种语言的真实语料,首次在世界上验证了依存距离最小化(DDM)可能是人类语言的一个普遍特征。这项发表于《认知科学学报》(*Journal of Cognitive Science*)的成果,由于过于超前,在当时并没有引起太多人的关注。近年来,这一问题引起了国内外学者的关注,成为计算认知科学的一个研究热点。该论文也是迄今为止《认知科学学报》所有被WOS核心合集收录的文章中引用率最高的论文。除依存距离之外,先生在2010年提出的基于大规模真实语言数据进行语言分类的方法,已被国外学者命名为Liu-Directionalities(刘-有向性指标),并在语言学及自然语言处理等语言工程领域得到应用。

2018年3月19日《科技日报》对先生的报道中这样写道："在计量语言学、语言复杂网络、依存语法等领域，刘海涛团队的相关研究多年来均处于国际前沿，在探索语言世界的舞台上亮起了一盏源自中国的'明灯'。"在接受采访时先生说，中国学者要在国际上努力发声，不仅要跟随世界，还要引领世界。他正带领着团队，朝着目标奋力前行。

先生几十年如一日地潜心于语言学研究，探索人类语言的规律与奥秘。先生博士时期的导师——著名语言学家冯志伟先生曾在先生的著作《依存语法的理论与实践》的序言中写道："在当今经济大潮下，很多人都忙于赚钱……海涛下决心要坐冷板凳，以探索学问作为自己的乐趣。这种品德，是值得我们学习的。"坐冷板凳需要好奇心，更需要毅力与坚持。最打动我的是，多年来，先生一直保持着旺盛的好奇心和不断坚持的恒心，无论是年轻时在工厂车间见缝插针地学习，还是现在孜孜不倦地工作，他从未懈怠。先生曾说："我把工作当成一种乐趣，学术研究就是探索一切的未知，是我生活必不可少的组成部分。"凌晨四五点钟是大多数人酣睡之时，熟悉先生的人都知道，此刻他已起床开始工作，阅读文献或批阅论文，日复一日，从未间断。先生曾打趣说，"每天早上我都是等候食堂开门的第一个人"。

刘先生摄的清晨的紫金港校园

## 春风化雨，良师益友

先生始终心系学生，重视人才培养，开设了多门硕博生课程——计算语言学研究方法、现代语言学理论、语言规划与语言政策等，同时也为本科生开设了语言学导论、学业指鉴等课程。先生的课一座难求，总会出现学生需从隔壁教室借椅子的景象。先生讲课行云流水，风趣幽默，深入浅出，闪耀的智慧火花也激发了学生的学习动力。全国各地高校邀请先生做学术讲座，每次也都座无虚席，全场爆满。不论是自己熟知的学生、同事，还是对语言学感兴趣或有疑惑的陌生学生，给他发邮件或课下向他请教时，都能得到先生即时的回复和解答。

刘先生讲座掠影

每周四是先生团队例行组会时间，学生们在会上汇报学习进度，与老师讨论学习生活中遇到的疑惑。先生对学生严格要求，不断鞭策大家认真学习。学生如有不同想法时，先生也乐于交流和讨论，说："那你先试试看这样做如何。"先生总是从各个角度为学生着想，给学生提供建议与帮助，但从不求任何回报。生活中，先生总是那么平易近人，给予学生大力的支持。还记得读博期间，有次投稿被拒，我郁郁寡欢。先生便来宽慰我，寥寥数语，瞬间扫空了我当时烦闷至极的情绪。

在浙大求学期间，我所在的学习室位于紫金港校区东六教学楼，与先生办公室在同一层。不论刮风下雨,每次路过办公室时,我都能看到先生伏案工作、认真研学的背影,他背后的桌子上和柜子里摆满了一摞一摞的书籍,心中很受触动,每每想要偷懒时,想起先生对学术的热忱与坚持,又有了学习的动力。先生这种精神难能可贵,激励大家奋斗进取,克服困难,可以说,他是知行合一、躬亲共学的典范,是引领我前行的明灯。但先生却在自己的《浙大十年》总结中说,"如果真的有这盏灯,那么,与我一起点亮并让这盏明灯闪闪发光的人,大多正是我的这些学生"。

他指导的博士生中,2人获浙江省优秀博士论文,1人获浙江大学优秀博士论文,1人获浙江大学优秀博士论文提名,6人获浙江大学学生人文社会科学研究优秀成果奖,6人获浙江大学争创优秀博士学位论文资助。他指导培养的博士生,毕业后到全国多所高校从事科研教学工作,为语言学的研究与人才培养贡献力量,实现了学术的传承与发展。

先生曾说过,未来希望自己有更多的精力放在支持和帮助年轻学者的发展上,生活中他也始终保持这样的做法。在提到职业生涯的重要转折点时,先生曾动情地说,德国的国际语研究专家德特勒夫·布兰克(Detlev Blanke)博士是影响他做出人生重要选择的恩师。其实,他对我们这些学生和青年学者的影响何尝不是如此?先生在讲座中总会引用现代计量语言学的奠基人阿尔特曼教授的一句话——进来,就有希望!诚然,他带领众人一起培育希望,发扬希望,流传希望。

他是学生的引路人,也是学术精神的传承者。

先生的优秀事迹太多太多,我的拙笔难绘全部,但可以坚信的是,不论是在学术科研,还是在为人做事方面,先生高尚的师德与渊深的学养都为我们树立了榜样。写到这里,我仿佛又回到了烟雨江南,眼前浮现出一个在办公室里专心致志地盯着电脑屏幕工作的身影——我心中的求是大先生刘海涛。

作者简介

王雅琴,浙江大学外国语言文学专业2020届博士生,现为广东外语外贸大学外国语言学及应用语言学研究中心云山青年学者。

人物名片

陈天洲(1970—2015)，浙江青田人，中共党员。1990年进入浙江大学计算机系本科学习，1998年获浙江大学计算机应用博士学位并留校任教，2006年晋升教授。2015年7月，因胰腺癌去世，留下遗嘱捐献全部个人遗产共计1000万元设立"浙江大学计算机学院陈天洲基金"，用于资助在校优秀学生。

# 将毕生献给热爱的
浙大和教育事业

# 陈天洲

## 治学严谨，立志树百年计算机事业

"愿吾辈学会终身教人修身，成大事功，有真气节，矫世风立正气，树我百年计算机事业。"这是陈天洲教授在其一篇自我明志的文章——《激越厉天皆青年》中的一段话，也是对他自己一生的最佳注脚。

陈天洲教授主要研究方向为计算机体系结构、无线智能终端软件。他善于将高校的科学研究与产业的先进技术相结合，是浙江大学多核实验室、浙江省移动网应用技术联合重点实验室等多个重点研究机构的开拓者与创始人。作为骨干，他先后多次荣获国家科学技术进步奖二等奖，浙江省科学技术奖一、二等奖，高等学校科学技术奖一等奖等奖项。

陈天洲教授(右)与现场老师讨论嵌入式系统软件节能技术

　　他不仅在科研上投入热情,在教学和社会公益活动上也投入了极大的热情。他潜心教改,积极探索面向产业需求的人才培养模式和课程改革,在嵌入式系统、并行与多核计算、智能终端软件开发上,先后负责承担多项国家级精品课程。他联合华东7所高校创建了Android人才培养示范基地,培训了全国300多个高校的1000多位老师。

　　他积极投身于社会公益教育事业,曾担任浙江省计算机学会青年工作委员会2005年度和2007年度主任、浙江省计算机等级考试命题组副组长、浙江省计算机教育指导委员会委员兼秘书长、浙江省高校计算机教学研究会副秘书长等多种社会职务,且真正为之奔走奋斗,为推动浙江省高校计算机教育做出了重要贡献。

　　他曾说,要将"有限的精力投入无限的科研与工作之中"。浙江大学计算机科学与技术学院原党委书记冯雁回忆时说起:"陈天洲素来勤奋,患病后,在治疗间隙也坚持来学校工作,有老师准备去医院探望他时,才发现他竟然在实验室里。去世前一个多月,他还坚持参加了一个学生的答辩。"

## 先是朋友，然后是老师

比起"陈天洲"这个本名，"fat"这个网名在浙大的知名度更广，学生们大多称呼他为"fat老师"，他的实验室也被称作"fatlab"。"fat"是陈天洲的网名，据同事史国华称，他起这个名，就是想犯个冲。"自己胖，叫这么个名字，把肥胖给叫掉，让自己不要一直胖下去。"这样可爱的初心，至今读来，也还是会令人会心一笑。[1]

fat这个网名出现最多的地方是BBS"飘渺水云间"，这个创建于1998年的浙大论坛，陈天洲就是创始人之一。20多年前，fat和几位热心校友利用业余时间，建立和完善了浙大的BBS"飘渺水云间"，即"88"。许多校友感慨，如果没有"88"，很多人不会认识，很多知识和理念无从获取和建立，今天的生活会很不同。[2]至今，在"飘渺水云间"的一些精华帖中，还保留着陈天洲的高谈阔论。

生活中幽默风趣、开朗阳光的陈天洲教授

---

[1] 豆瓣小组——缅怀陈天洲（fat）老师，https://www.douban.com/group/topic/78027999/.
[2] 豆瓣小组——缅怀陈天洲（fat）老师，https://www.douban.com/group/topic/78027999/.

fat老师的事迹,至今还被许多学生铭记和流传。fat教授曾经给考生出过一份考卷,里面50道选择题的答案,全部都是B,学生是越写心里越没底气;哪怕是上计算机C语言这类比较枯燥的课程,fat老师的风格也非常"跳脱"和"活跃"。①

一位浙大毕业生回忆:"fat老师体形微胖,他有一颗童心,人非常随和、好相处。我对fat老师印象很深,我上大学那时,他活跃在学校论坛上。课余时间,我们还会在线上玩四国大战、红警等,线下一起聚会。fat是我们的老师,也是我们的朋友。"②

"fatlab"一年一度的聚会并没有因为陈先生生病而停止。他去世前一年,聚会如期举行,还安排了抽奖环节。陈先生很有心地为学生准备了惊喜礼物。礼物很新潮,有当时很流行的运动器材易步车,还有那时新上市的iPhone 6s。③

正如学生的评价:他首先是朋友,然后是老师。

## "跨界"医学,缔造生命奇迹

2011年6月,陈天洲被查出患上胰腺癌。这是一种消化道恶性肿瘤,在肿瘤领域有"癌症之王"的称号,95%的胰腺癌患者存活时间不超过20周。

得知自己得病后,陈天洲教授给学院时任办公室主任彭列平老师去电,歉意地表示自己再也无法担任工会主席,为老师们服务了。得知消息,周边所有的师生朋友都是悲痛莫名。但他自己却是一如既往的坦荡坚毅,他在"飘渺水云间"发了帖子说:"虽然得的病属于绝症,癌症之王,确实容易放弃心理底线,但内心需要很强大。否则,不仅仅被疾病击垮,也会自暴自弃。判断需要客观,对非科学的治疗手段,只能表示感谢。"他在另一则微博中写道:"我们都是做科学的人,都知道不生病、长生不死,都是不可能的事情。世界上的奇迹,如青霉素都是人为产生的,各位科技工作者应该继续努力。"

他给自己定下几个目标:一是做些学术研究,二是超过平均生存期17个月,三

① 豆瓣小组——缅怀陈天洲(fat)老师,https://www.douban.com/group/topic/78027999/.
② 豆瓣小组——缅怀陈天洲(fat)老师,https://www.douban.com/group/topic/78027999/.
③ 豆瓣小组——缅怀陈天洲(fat)老师,https://www.douban.com/group/topic/78027999/.

是争取进入五年存活率2%～5%的行列。他开玩笑地自嘲说："第一个目标靠自己努力,第二个、第三个目标除了自己争取外,还要看这些年的医学研究者是否足够努力。"

此后,他开始真正"跨界"到医学领域,由计算机转向研究医学,从零开始研究起这个入侵他身体的敌人。此后发的微博,大多与胰腺癌、医学、营养学有关,更有2篇论文在国际著名期刊《临床肿瘤学杂志》上发表。同时,他还根据自己的研究,与主治医生一起商定自己的治疗方案。他最后一次发微博是去世前三个月,连发了9条,讨论的是医学杂志《柳叶刀》上的一篇论文。他虽然没有达到自己的第三个目标,进入五年存活率2%～5%的行列,但他不屈不挠地与病魔抗争达四年之久,已经创造了生命的奇迹。他的研究准确计算了胰腺癌的五年期、十年期存活率,为医学做出了贡献。即使重病之中,他还在网上发帖子鼓励学生:"抓紧时间,多学习些干货,做强人。等生病了,主要精力就不能放在科研上了。"

## 将毕生献给热爱的浙大和教育

计算机学院一位熟悉陈天洲的老师说:"他是一个以学校为家的人,每天都早早地到了学校,在实验室待到深夜才回去。"

去世前,陈天洲留下遗嘱,捐献全部个人遗产设立"浙江大学计算机学院陈天洲基金",用于资助计算机学院的在校学生。不同于其他基金的申请要求,陈天洲基金的候选对象颇为不同,除了要求是浙江大学计算机学院的在校学生外,"不限国籍、种族、宗教、成绩及贫富,只要在品德、文化、科学精神等在候选集合的前50%即可申请",这也贯彻着他一直以来的教育理念。

陈天洲基金的设立,给计算机学院的学生带来强大的震撼。他以实际行动感染了广大师生,学生代表戴鸿君在陈天洲基金成立仪式上发言:"陈老师正直、纯洁的为人,务实、乐观的处事态度,深深地感染着我们每一个人,让我们轻松充实地求学、勇敢坚毅地踏入社会。他平易近人、关爱同学,我们每天一起去食堂吃饭,每年年夜饭一起聚餐,有时一起熬夜工作,有些同学的学费也是他先垫付的。回想起来,和陈老师在一起的时间是我们一段最充实、最快乐的日子。"

陈天洲的胞姐陈筱敏说,"弟弟留给家人的时间很少,他把大多数的时间都留给了他热爱的事业和他的学生","他每年暑假都会抽时间带实验室里的学生外出旅游,但是我跟他唯一一次就是去了云南"。

"传奇已逝,但校内校外,网上网下,人们依然记得他。"虽然由于天不假年,学问功业还没有能达到浙大历史上诸多先辈的高度,但陈天洲老师有足够的理由令诸多浙大学子感怀,如同浙大漫天星辰中的一颗,不是那么亮却闪着温暖的光,照亮许多浙大学子前行的道路。

作者简介

胡高权,浙江大学公共管理学院中外政治制度专业2011届硕士生,现为浙江大学计算机科学与技术学院党委副书记。

俞莉莉,现为浙江大学计算机科学与技术学院综合办公室工作人员。(负责图片及校对工作)

陈天洲